나는 아동학대 교사입니다

나는
아동학대
교사입니다

이혜영 지음

사례로 보는
학교 특수교육 현장의
인권침해 논란과 예방

초록펭귄

차례

여는 글 006

하나, 누군가에게 일어났지만, 누구라도 겪을 수 있는
○○학교 특수학급에서 생긴 일 021
장애학생 S1에 대한 학대 혐의와 국가인권위원회 진정 023
장애학생 S2에 대한 성추행 및 학대 혐의와 언론 보도 027
경찰, 검찰 조사와 법원 판결 033
교육청 징계와 불명예 해임, 그리고 성범죄자라는 낙인 047

둘, 누가 피해자이고, 누가 가해자일까?
사례에서 본 장애학생의 인권 문제 054
사례에서 본 특수교사의 인권 문제 070

셋, 개인의 일탈일까, 구조적 문제일까?
장애학생 인권침해의 맥락적 특성 099
장애학생 및 특수교사 인권침해 예방 방안 139

넷, 무엇을 알았고, 무엇이 더 필요할까?
특수교육 현장의 인권침해 사례 연구가
우리에게 던지는 시사점 161
상호 주관적 인정과 인권 친화적 교육 환경
조성을 위한 제언 188

닫는 글 192
용어 설명 198
주 206
추천의 글 213

여는 글

2023년 여름, S초 교사의 사망 사건에 이은 유명 웹툰 작가와 특수교사 간의 분쟁이 사회적으로 크게 이슈화되었다. 이 사건의 제1심 결과, 특수교사는 아동학대 혐의로 벌금형의 선고유예 처분을 받았다. 하지만 특수교사는 몰래 녹음한 내용의 증거능력을 인정한 법원 판결의 부당성과 그러한 판결로 인해 전국 특수교육 현장이 더욱 위축될 것이라고 우려를 직접 표명[1]하며 항소했고, 검찰도 판결에 불복하고 항소[2]했다.

    S초 교사 사망으로 교직 사회가 정부와 국회에 교권 보호 대책을 촉구하고 나선 지 약 2개월(2023년 9월) 만에 교권 보호 4법이 국회를 통과했다.[3] 교육부는 학생·교원·학부모가 상호 존중하는 교권 회복 및 보호 강화 종합방안[4]과 교권 보호 5법(「교육기본법」, 「초·중등교육법」, 「유아교육법」, 「교원의

지위 향상 및 교육활동 보호를 위한 특별법」, 「아동학대범죄의 처벌 등에 관한 특례법」) 개정에 따라 2024년 새롭게 달라지는 교권 보호 제도를 시행한다고 밝히고[5] 교권침해 직통번호 1395 개통, 학교 민원 응대 안내자료 배포, 무분별한 아동학대 신고로부터 교원 보호를 강화하기 위해 '교육감 의견서' 제출 등 관련 지침(가이드라인)을 개정·보완하였다.[6] 또한 교육부에서는 특수교사의 교권 보호를 위해 '장애학생 행동중재 가이드라인'을 만들었다.[7] 그러나 학교 현장의 구조적인 문제가 해결되지 않는다면 그러한 조치들은 임시방편에 불과할 것이다. 학계에서도 장애학생 인권 관련 연구가 꾸준히 진행되어 오고 있으나, 학교 현장에서 장애학생 인권침해가 발생하는 원인과 특수교사가 가해자로 지목되는 구조적인 문제에 관해 심도 있게 다룬 연구는 여전히 부족한 실정이다.

   이 책은 몇 해 전 대법원 판결을 통해 장애학생 인권침해(아동학대)로 확정된 한 일반학교 특수학급에서 일어난 사건에 관한 이야기다. 이 이야기는 법적 결론으로만 보면 누군가에겐 비극이고, 누군가에겐 누명을 쓴 서사이며, 누군가에겐 정의가 승리한 것으로 보일 수 있다. 당시 지역 사회의 큰 관심을 끌었던 십여 년 전 사건을 지금 다시 끄집어내어 사회적으로 공유하고자 하는 이유는 간명하다. 한국 사회가 우여곡절을 겪으며 인권 사회로 한 걸음씩 발전하고 있으나, 현재 학교 특수교육 현장에서는 '웹툰 작가 사건' 같은 논란이 아직도 계속되고 있기 때문이다. 학교 현장에서의 갈등 양상은 더욱 복잡다단하고 첨예화되고 있으며, 그에 따라 많은 이들이 고

여는 글

통받고 있다.

　과연 우리 사회가 인권 사회로 발전해 가는 만큼, 장애학생 인권침해 문제 해결에서도 그만한 발전이 있었을까? 이 책의 사례는 과거의 이야기이지만, 현재의 이야기이기도 하다. 일어난 배경과 구조, 사건 진행 과정, 사건을 보도하는 언론의 보도 방향 등에서 현재의 '웹툰 작가 사건'과 많이 닮았다. 그런 의미에서 책 속의 사례를 통해서 장애학생과 특수교사의 인권 문제를 다시금 살펴보고 싶었다. 맥락의 파악 없이 구체적인 행위 여부만 확인하고, 피해자 대 가해자의 이분법적 잣대로만 문제를 바라보고 사건을 종결해 버리는 공적 시스템과 언론의 보도 양상을 넘어서고 싶었다.

　특수교육 현장에서 반복되고 있는 인권침해 논란과 분쟁

을 바라볼 때, 전반적인 학교 시스템과 특수교육의 맥락을 생략하고 들여다보면 결국 '앙상한 사건'만 남는다. 문제점은 언제나 존재했다. 사건이 언론을 통해 사회적인 이슈로 터질 때마다 여기저기서 해결 방안도 제시되었다. 그런데 항상 쳇바퀴만 돌고 있다는 느낌은 왜일까? 심층면담 결과를 담은 이 책을 통해, 필자는 무엇보다 우리나라 특수교육 현장이 특수교육 주체들의 존엄성과 상호 주관적 인정을 바탕으로 인권 친화적인 교육 공동체로 발돋움하는 데 조금이나마 기여하고 싶었다.

책의 사례는 비단 특수교육 영역에만 의미가 있지 않다. 본 사건이 '아동학대'라는 범죄로 최종 규정되는 과정에서 우리가 마주치는 한국의 학교 시스템, 사법 체계, 언론의 영향,

사회 구조는 본질적으로 우리 삶의 영역에서 같은 방식으로 나타난다. 따라서 특수교육을 넘어서 우리나라 공교육 시스템에 속한 모든 학교의 교사, 직원, 학생, 학부모(양육자) 누구에게라도 언제든지 일어날 수 있는 이야기이다.

 이 책의 이론적 배경이 되는 인권 이론은 분량이 많아 넣지 못했다. 인간존엄성human dignity과 인권human rights을 이해하는 데는 헨리 데이비드 소로Henry David Thorea의 『시민의 불복종』[8]과 조효제의 『인권을 찾아서』[9], 『인권의 지평』[10]이 도움되었다. 또한 형사절차와 인권법에 관한 내용은 임재홍·권혜령·류은숙·염형국의 『인권법』[11]이 도움되었다. 관심 있는 독자들은 위의 책을 읽어 보면 도움이 되리라 생각한다.

 이 책은 심층면담을 통하여 학교에서 일어날 수 있는 교육 주체 간 인권침해 논란의 이면을 조명하는 책이다. 그러나 다음과 같은 한계점 또한 분명하다.

첫째, 이 책에서 소개하는 장애학생 인권침해 사례는 대법원에서 최종 선고를 받아 확정된 사건이다. 객관성을 유지하기 위해 검찰청에 재판 확정 기록의 자료를 열람·등사 신청하였으나 검찰청은 비공개로 결정하였다. 그래서 인터뷰가 가능했던 당사자인 특수교사의 진술을 바탕으로 하였다. 그러나 면담 시작 단계에서부터 분쟁이 재연될 수 있어서 해당 사건을 제보하였던 장애학생 아버지(P1)와 특수교육실무사(PP2) 그리고 해당 장애학생(S1, S2)과 장애학생(S2)의 할머니까지 면담하지 못한 아쉬움이 있다. 이를 보완하기 위해 장애학생의 아버지(P1)와 특수교육실무사(PP2)의 언론 제보를 도와주었던 한 장애인 단체 대표와 사건 당시 사례의 학교에서 근무했던 일반교사를 면담하였다. 이 사건과 관련하여 면담하지 못한 분 중에서 무엇이든 하실 말씀이 있다면, 필자는 언제라도 들을 준비가 되어 있음을 밝혀둔다.

둘째, 여러 어려움으로 인하여 사건 소개에 있어서 어떤 부분에서는 제한적으로 설명하였다. 따라서 독자들이 각각의 진술에서 말하고 있는 맥락을 파악하여 읽는 것이 필요하다. 행간의 의미를 잘 찾아서 읽어야 하는 수고로움이 있는 것은 오로지 저자의 부족함 때문이다.

셋째, 이 책의 사례는 대법원 선고로 법적으로는 완결된 형사 사건이다. 원고는 변호사의 법리적 검토를 받아서 최종 완성되었다. 그러다 보니 초고에 비해 본 사건 그 자체를 설명하는 데 일정한 제약이 따를 수밖에 없었다. 변호사와 법리적 검토 과정에서 이 사건을 바라보는 법과 특수교육 현장의 입장 차가 클 수도 있다는 것을 알았다. 하지만 일반학교의 특수학급이나 특수학교의 열악한 교육 환경이 교육활동을 인권침해로 오인하게 할 수 있다는 점은 법리적 검토를 해주신 변호사도 동의하였다.

　이 책은 필자의 2020년 논문[12]을 기반으로 하면서 사례와 예방 방안을 중심으로 재구성하여 심층면담 내용을 담았다. 마지막 장에는 최근 변화된 정책을 반영하려고 노력했다. 이 책의 내용 목차는 다음과 같다.　하나, "누군가에게 일어났지만, 누구라도 겪을 수 있는"에서는 ○○학교 특수학급에서 생긴 일을 중심으로 갈등의 시작과 국가인권위원회 인

여는 글

권침해 진정 제기, 특수교사가 아동 성추행범으로 대법원에서 최종 유죄 선고되기까지의 과정을 담고 있다. 둘, "누가 피해자이고, 누가 가해자일까?"에서는 사례에서 본 장애학생과 특수교사의 인권 문제를 살펴본다. 셋, "개인의 일탈일까, 구조적 문제일까?"에서는 장애학생 인권침해 논란의 맥락적 특성과 장애학생 및 특수교사 인권침해 예방 방안을 다루고 있다. 넷, "무엇을 알았고, 무엇이 더 필요할까?"에서는 본 사례 연구가 우리에게 던지는 시사점은 무엇이며, 앞으로 상호 주관적 인정과 인권 친화적 교육 환경을 조성하기 위해 무엇이 필요한지에 대한 제언을 제시하고 있다.

어려운 사회적 환경 속에서도 장애학생 부모님 대다수는 가정에서 최선을 다해 장애 자녀를 양육하고, 학교 교육에 신뢰를 갖고 협력해 주신다. 열악한 특수교육 여건 속에서도 선생님들 대다수는 학교에서 묵묵히 헌신적으로 장애학생을 교육하신다. 마찬가지로 열악하고 힘든 조건 속에서도 특수교육실무사님 대다수는 최선을 다해 장애학생을 성실하게 돌보아 주신다. 모두가 이렇게 고군분투하고 있는데, 이 책에 나오는 부정적인 일부 사례만 보고 그것이 장애학생, 학부모, 교사, 특수교육실무사 등의 전체적인 모습이라고 생각하지 않았으면 좋겠다. 저자의 부족함으로 인해 여러 가지 미흡함이 많은 책이다. 장애학생에게 교육 환경과 사회 환경은 영아기부터[13] 성인기로 갈수록 열악하다.[14] 그 고통의 무게는 가늠하기조차 어렵다.[15] 장애학생, 학부모(양육자), 특수교사, 특수교육지원인력 등 특수교육 주체들에게 이 책이 누가 되지 않기를 간절히 바라며 용기를 내어 책을 썼다.

    이 책을 펴내는 데 도움을 준 이들에게 고마운 마음을 전한다. 성심을 다하여 심층면담에 참여하고, 원고를 검토해 주신 모든 분에게 진심으로 감사드린다. 추천사를 써주신 이은정 선생님, 이수연 변호사님, 최은원 선생님, 함수연 선생님, 허영진 선생님, 최명진 선생님에게도 감사드린다. 책이 나올 수 있도록 최선을 다하여 애써주신 김유승 편집장님과 이은주 기획편집위원님에게도 고마운 마음을 전한다.

이팝나무꽃 피는 봄날 이혜영 드림

(일러두기)

본문의 사례에 등장하는 관련 인물은 익명성 보장과 독자의 이해를 돕기 위해 기호로 약식 표기하였다. 또 학교명은 익명으로, 반과 수업 시간은 임의로 명시하였음을 밝힌다.

○○학교 특수학급 사례에 등장하는 인물

인물	소속기관	직위(사건당시)	경력
S1	○○학교 특수학급 2반	장애학생	-
S2	○○학교 특수학급 2반	장애학생	-
P1	○○학교 특수학급 2반 학부모	S1의 아버지	-
T1	○○학교 특수학급 1반	특수교사	15년 이상
T2	○○학교 특수학급 2반	특수교사	5년 이상
PP1	○○학교 특수학급 1반	특수교육실무사	-
PP2	○○학교 특수학급 2반	특수교육실무사	-
A1	장애인 단체	대표	15년 이상
T3	특수학교	특수교사	20년 이상
GT	○○학교 일반학급	일반교사	25년 이상

하나,

누군가에게 일어났지만,

누구라도 겪을 수 있는

본 사건이 '아동학대'라는 범죄로
최종 규정되는 과정에서 우리가 마주치는
한국의 학교 시스템, 사법 체계, 언론의 영향,
사회 구조는 본질적으로 우리 삶의 영역에서
같은 방식으로 나타난다. 따라서 특수교육을 넘어서
우리나라 공교육 시스템에 속한 모든 학교의
교사, 직원, 학생, 학부모(양육자) 누구에게라도
언제든지 일어날 수 있는 이야기이다

누군가에게 일어났지만, 누구라도 겪을 수 있는

○○학교
특수학급에서
생긴 일

⌛

○○학교에는 일반학급과 두 개의 특수학급이 있었다. 특수학급 두 반에는 각각 8명의 장애학생이 편성되어, 특수교사 T1(1반)과 T2(2반)가 담임을 맡고, 수업을 돕기 위한 특수교육실무사 PP1(1반)과 PP2(2반)가 배치되었다. 특수교사 T1에 따르면, 사례 학교는 장애학생 교육과 관련하여 학부모들의 민원이 자주 발생하여 당시 지역사회에서 비선호 학교였다고 한다. 말하자면 학교 관리자가 장애학생을 적극적으로 교육하기보다 교실에 조용히 데리고 있기를 원해 학부모들의 불만이 컸고, 그로 인해 학교나 특수교사, 특수교육실무사에 대한 신뢰가 없어 특수교사들도 이 학교로 전보 가기를 꺼렸다고 한다.

특수교사 T1은 지인을 통해 2년여에 걸쳐 전보 제의를

하나

받던 중, 계속 거절하기도 어렵고 출퇴근의 편리성을 고려해 사례의 학교로 옮기게 된다. 특수학급 1반의 담임이었던 특수교사 T1은 특수학급 2반의 담임인 특수교사 T2가 개인 사정으로 어려움을 겪고 있어, 특수교사 T2를 돕고자 매일 아침 8시 전후로 출근하여 특수학급 2반 학생들까지 지원했다. 수업 후에도 특수학급의 모든 학생이 하교한 뒤, 주로 저녁 6시 이후에 퇴근하였다. 그런데 특수학급 2반의 장애학생 S1의 아버지(P1)가 특수교사 T1을 장애학생 체벌과 장애학생 성추행 혐의로 국가인권위원회에 두 차례 진정하는 일이 벌어졌다. ○○학교 특수학급에서는 과연 무슨 일이 벌어졌던 것일까?

누군가에게 일어났지만, 누구라도 겪을 수 있는

장애학생 S1에 대한 학대 혐의와 국가인권위원회 진정

⌛

검찰의 공소사실(검찰의 주장)에 따르면 사건의 개요는 이렇다. 첫 번째 공소사실에 따르면, 특수교사 T1은 특수학급 학생들을 상대로 운동장에서 체육 수업을 진행하던 중 P1의 자녀인 S1이 체육복을 가지고 오지 않았다는 이유로 화가 나서, 장애학생 S1의 몸을 발로 차고 오랫동안 무릎 꿇어앉힌 후 양손을 머리 위로 들게 하여 S1의 신체에 손상을 주고, 정신 건강 및 발달에 해를 끼치는 학대 행위를 하였다. 두 번째 공소사실에 따르면, 특수교사 T1은 복도에서 걸어가고 있는 S1을 보고 불렀으나, 대답하지 않았다는 이유로 화가 나서, S1의 왼팔을 꼬집고 복도 구석으로 데려가 여러 차례 때렸다. 그리고 복도에 계속 서 있게 하여 피해자 S1의 수업 참여를 제한하고 점심도 먹지 못하게 하였다.

특수교사 T1은 이러한 공소사실에 대해 행동수정 방법을 사용하여 학생을 지도하는 과정이었음을 밝히며, 다음과 같이 해명하였다. 첫 번째 공소사실의 경우는 장애학생 S1이 체육복을 여러 번 가지고 오지 않아서 행동수정 방법을 활용하여 다른 아이들과 함께 약속한 대로 평상에 무릎을 꿇게 하였으나, 그 시간에 아이들은 서로 장난치며 놀고 있었다고 했다. 두 번째 공소사실에 대해서는 S1의 왼팔을 꼬집고 발로 찬 사실이 없으며, 행동수정 방법을 사용하여 학생의 식습관을 지도하는 과정이었으나 지나친 부분이 있었음을 인정했다. 재판 과정에서는 증인으로 출석한 장애학생 S1이 나중에 특수교육실무사 PP2가 빵을 줘서 먹었다고 진술하기도 했다.

특수교사 T1에 따르면, 장애학생 S1의 아버지 P1은 자녀에 대한 체벌을 문제 삼아 자신(T1)의 전보를 요구하였고, S1을 한동안 등교시키지 않았다. 이후 S1의 통합학급 담임교사가 제안하여 S1의 아버지 P1과 학교 관리자가 논의한 뒤, S1은 특수학급이 아닌 통합학급에서 수업을 받게 된다. 하지만 통합학급 담임은 통합학급에 장애학생 S1을 전일제로 계속 데리고 있는 게 어려워지자, 지원 인력 배치를 요청하였다. 이러한 사실을 알게 된 특수교육실무사 PP2는 교감에게 장애학생 S1을 자신이 전담하겠다고 제안하여 허락받는다.

그런데 특수교사 T1에 따르면, 장애학생 S1을 통합학급에 전일제로 재배치한 과정과 PP2를 장애학생 S1의 통합학급 특수교육실무사로 전담 배치하는 과정에서 개별화교육지원팀 회의를 개최하지 않아 특수교사들이 의사 결정 과정에서 배제되었다. PP2의 통합학급 전담 배치 이후, 사건은 더욱 풀어가기 어려운 정황으로 흘러가게 된다.

특수교육실무사 PP2는 해당 학교에서 처음으로 특수교육실무사 일을 시작하여 장기 근무 중이었다. 특수교사 T1에 따르면, 사건이 있기 전부터 특수교육실무사 PP2에 대한 학부모들의 불신으로 학기 초 개별화교육지원팀 회의 때 학부모들이 특수교육실무사 PP2의 해고를 요구하였다고 한다. 그러나 특수교사 T1은 이러한 학부모 민원에 대해서 특수교육실무사를 함부로 해고할 수 없으며, 특수교육실무사 PP2와 잘해보겠다고 학부모를 설득하였다고 한다.

사실 특수교사 T1은 처음 전보 간 날부터 특수교육실무사 PP2와 갈등이 있었다. 첫날부터 특수교사 T1은 장애학생 신변처리 지원에 관한 지시에 불만을 표시하거나, 자신의 지시 없이 특수학급의 물품을 구매하는 등의 일로 특수교육실무사 PP2와 크고 작은 갈등을 겪었다. 지속되는 갈등 속에서 특수교육실무사 PP2는 학기 초부터 특수교사 T1의 교육활동을 포함하여 학교에서의 일상생활에 대한 것까지 몰래 녹음하기 시작했는데, T1은 이 사실을 나중에 언론 보도를 통해 알게 되었다. 특수교육실무사 PP2가 통합학급에서 장애학생 S1을 전담하게 되면서 S1의 아버지 P1과 직접 소통하게 되었고, 그 과정에서 체벌에 대한 법적 대응을 준비하고 있는 P1에게 PP2가 녹음파일을 제공했다는 사실을 뒤늦게 알게 된 것이다.

S1의 아버지 P1은 특수교사 T1을 장애학생 체벌로 국가인권위원회에 1차로 진정하였으나 진정에 대한 조사 및 결정 결과가 나오지 않자, 특수교사 T1을 다시 다른 장애학생 S2를 성추행한 혐의로 국가인권위원회에 2차로 진정한다.

누군가에게 일어났지만, 누구라도 겪을 수 있는

장애학생 S2에 대한 성추행 및 학대 혐의와 언론 보도

⌛

특수교사 T1에게 새롭게 제기된 성추행 혐의를 간략히 살펴보겠다. 장애학생 S2에 대한 특수교사 T1의 성추행 및 학대 혐의와 관련한 검찰의 공소사실(검찰의 주장)에 따르면 T1의 혐의는 다음과 같다.

첫 번째, 특수교사 T1은 학교 복도에서 장애학생 S2를 발견하고, S2가 정신장애로 항거불능 상태에 있음을 이용하여 소변 기능 이상을 확인하는 척하면서 S2의 성기를 만지며 강제추행 했다는 것이다. 두 번째, 특수교사 T1은 화장실에서 장애학생 S2를 발견하고 S2가 정신장애로 항거불능 상태에 있음을 이용하여 소변 이상 유무를 확인하는 척하면서 S2의 성기를 만짐으로써 강제추행 했다는 것이다. 세 번째 공소사실에 따르면, 특수교사 T1은 장애학생 S2가 교실에서 시험을 보다가 시험지를 찢어버리는 것을 보고 화가 나서, 소지하고 있던 죽비로 S2의 팔, 다리를 여러 차례 때리고, 앉았다 일어서기를 시킴으로써 S2에게 의무 없는 일을 하게 했다는 것이다.

　특수교사 T1은 이러한 공소사실과 관련하여 다음과 같이 해명했다. 첫 번째 공소사실과 관련해서 복도에서 일어난 일은 수업이 끝나고 장애학생 S2의 하교를 돕는 활동지원사에게 학생을 인계하면서 S2가 소변 실수가 잦으니, 병원에 데려가 보라는 말을 S2의 할머니께 전해달라고 말하는 과정이었으며, 그때 자기의 손이 실수로 S2의 성기에 닿았는지 아닌지는 정확하게 기억이 나지 않는다고 수사기관과 법정에서 진술했다고 한다. 그리고 바로 다음 날 S2의 할머니가 활동지원사와 함께 S2를 데리고 병원에 다녀온 기록이 있다고 했다. 두 번째 공소사실과 관련해서 화장실에서 일어난 일은 장애학생 S2의 신변처리를 돕는 과정이었음을 밝혔다. 세 번째 공소사실의 학대 혐의에 대해서는 죽비를 사용한 건 맞지만, S2의 손등을 두어 차례 쳤고, 나머지는 환기 차원에서 T1 자신이나 책상과 같은 다른 사물을 대신 쳤다고 한다.

　이 같은 사건 내용을 바탕으로 장애학생 S1의 아버지 P1이 자기 자녀가 아닌 장애학생 S2를 성추행한 혐의로 특수교사 T1을 국가인권위원회에 2차로 진정하자 국가인권위원회에서는 사실조사를 진행한다. 그런데 모든 사실조사가 끝나고 최종 결정을 앞둔 상황에서 ○○학교 교감이 특수교사 T1을 장애학생 성추행 혐의로 경찰에 고발한다. 그리고 경찰 조사가 시작되자 국가인권위원회는 조사 중지 결정을 내리게 된다.

그렇다면 교감은 왜 갑작스레 특수교사 T1을 경찰에 고발하게 된 것일까? 그 까닭은 이 사건이 언론에 보도됨으로써 사회적으로 이슈화된 사실과 무관하지 않다. 이 사건에 대한 언론 보도는 장애인 단체 대표 A1이 특수교육실무사 PP2의 녹음 파일을 제공받고, 사안이 심각하다고 판단하여 언론사 기자를 장애학생 S1의 아버지 P1에게 직접 연결해 주면서 시작되었다. 특수교사 T1은 장애학생을 폭행한 교사로 언론에 보도되었다. 그즈음 다른 학교에서 발생한 장애학생과 관련한 학대 사건이 언론에 보도되면서 사회적 파장이 컸던 탓에 이 사건에도 세간의 이목이 쏠렸다.

특수교사 T1에 따르면, ○○방송의 기자가 장애학생 체벌 건으로 교장실에 찾아와 학교장과 자신을 취재한 이후 자신의 체벌이 장애학생에 대한 폭력으로 언론에 보도되었고, 그 후 특수교육실무사 PP2와 장애학생 S1의 아버지가 언론에 다시 성추행 혐의를 제보하여, 특수교사 T1이 장애학생 S2를 성추행한 의혹이 있다는 식의 보도가 시작되었다고 한다. 특수교사 T1은 성추행 의혹과 관련해서는 제보자 일방의 주장만 보도했을 뿐, 어떠한 언론사도 T1 자신이나 사건 발생 당시의 또 다른 목격자인 특수교육실무사 PP1을 취재하여 보도하지는 않았다고 전했다. 또한 특수교사 T1은 이 사건이 언론에 보도되자 △△방송 기자가 취재하러 왔으나, 자신에게 사건의 전말을 듣고 성추행이 아니라고 판단하여 보도하지 않았으며, 오히려 △△방송 기자가 특수교사 T1이 고생하겠다고 말했다는 일화를 전하기도 했다.

    한편, 이 사건이 언론의 주목을 받자 교육청에서 해당 학교로 조사를 나왔다. 특수교사 T1에 따르면, 교육청에서 나온 2명의 장학사와 1명의 장학관은 피상적인 내용을 주로 물었으며, 언론 보도에 나온 '장애학생 폭행'에 대해서는 폭행 여부만을 묻고, '성폭행 혐의'에 관해서는 경위서를 교감에게 제출하라고 지시하였다고 한다. 즉, 어떤 상황에서 이런 일이 발생하였는지 구체적으로 파악하려고 하지 않았으며, 문제를 해결하려는 의지 없이 형식적인 질문만 하였다고 특수교사 T1은 말했다. 또한 비슷한 시기에 ○○단체에서 학교 앞으로 찾아와 교장과 교감에게 특수교사 T1을 고발하지 않으면 아동복지법에 따라 법 위반으로 처벌받을 수 있다고 경고하기도 하였다고 한다. 이 같은 일이 있고 난 뒤, 교감은 특수교사 T1에게 경위서를 작성하라고 지시하였고, 그 경위서의 문구를 근거로 T1을 장애아동 성폭력 혐의로 경찰에 고발했다. 특수교사 T1은 언론 보도로 정신적 충격이 큰 상태에서 경황없이 작성한 경위서의 문구가 자기 발목을 잡았다고 말했다. T1은 경위서에 '상황적으로 손이 닿았을 수도 있다'라고 했다.

교감은 특수교사 T1에게
경위서를 작성하라고 지시하였고,
그 경위서의 문구를 근거로 T1을
장애아동 성폭력 혐의로 경찰에 고발했다

누군가에게 일어났지만, 누구라도 겪을 수 있는

경찰, 검찰 조사와 법원 판결

⏳

특수교사 T1은 교감의 고발로 경찰 조사를 받게 된다. T1은 경찰 조사를 받은 후 학교에 휴가를 내고 집에서 은거하는 동안 언론에 보도되는 자신에 대한 뉴스를 보고 정신적으로 큰 충격을 받아 자살 시도를 한다. 자신이 살던 아파트에서 뛰어내리려 베란다 문을 연 순간, 마침 아버지에게 걸려 온 전화를 받고 간신히 정신을 차렸다고 한다. 하지만 특수교사 T1은 경찰 조사 과정에서 성추행 혐의를 인정하지 않아 증거 인멸 우려가 있다는 이유로 구속되기에 이른다.

특수교사 T1에 따르면, 경찰은 특수교육실무사 PP2의 진술 중 범죄 혐의와 관련된 문구를 바탕으로 질의서를 만들어서 특수교육과 교수에게 보내 사실조회 의견을 물었다. 특수교육과 교수는 이에 대한 답변으로 아동학대에 유념해서 수사해야 하며 외국에서는 신변처리 과정에서 성추행이 자주 발생한다는 의견을 보내왔다고 한다. 특수교사 T1은 경찰이 특수교육실무사 PP2, 활동지원사, 옆 반의 특수교사 T2의 진술과 특수교육과 교수의 사실조회 의견을 참고하여 구속영장을 청구한 것 같다고 말했다. 특수교사 T1은 구속되어 검찰조사를 받는 과정에서도 성추행 혐의를 계속 부인하였다.

1. 제1심 형사 판결[16]

T1의 혐의와 관련한 제1심 형사재판에서 재판부는 강요죄 및 아동학대 혐의에는 벌금형을, 장애인 준강제추행 혐의에는 무죄를 선고하였다.

유죄 판결

제1심 법원은 특수교사 T1이 시험 시간에 장애학생 S2가 시험지를 찢는 행위를 지도하는 과정에서 일어난 일에 대하여, T1의 행위는 강요죄에 해당한다고 판단하였다. 법원이 유죄로 선고한 이유는 다음과 같다.

1) 제출된 녹음 파일에 의하면, 죽비로 때리는 소리가 여러 차례 나고, 장애학생 S2가 반복적으로 소리를 지르고 있으며, 특수교사 T1이 앉았다 일어서기의 행위를 요구하고 있음.
2) 따라서 T1의 행위는 특수교육이론에 의한 행동수정 기법을 활용했다기보다는 직접 체벌을 통해 간접 체벌을 강제한 것으로 보임.
3) 특수교사 T1이 교육 목적의 행동수정 기법을 의도하였다거나 학생생활지도 표준매뉴얼에 '앉았다 일어서기'를 지도 방법 중 하나로 정하고 있다고 하더라도, S2에 대한 폭행 수단으로 사용한 이상 T1의 행위는 정당 행위로 보기 어려움.

따라서 특수교사 T1은 장애학생 S2에게 의무 없는 일을 하게 하였고, 이는 강요죄에 해당한다. (형법 제324조 제1항(강요의 점))

법원은 특수교사 T1이 체육 수업 시간에 장애학생 S1이 준비물을 가져오지 않아서 체벌로 지도한 것에 대하여, 장애학생 S1의 신체에 손상을 주고, 정신 건강 및 발달에 해를 끼치는 학대 행위를 한 것으로 판단하였다. 이에 법원이 유죄를 선고한 이유는 다음과 같다.

1) 장애학생 S1이 중증장애인이지만 범죄사실에 부합하는 취지의 진술을 일관성 있게 구체적으로 하고 있어 신빙성이 높음.
2) 특수교사 T1도 약 1시간가량 평상에서 꿇어앉게 하는 체벌을 가한 사실을 인정함.
3) 학대의 개념(아동복지법상)에 대한 법리, 체벌에 관한 법리에 비추어 보면, T1이 S1을 학대하려는 목적이 없었다고 해도, T1의 행위는 S1을 학대한 행위로 평가하기에 충분함. 또한 교육 목적의 학생 지도 일환이었다는 사정만으로 정당 행위라고 할 수 없음.

따라서 특수교사 T1은 아동복지법을 위반하였다. (구 아동복지법 제71조 제1항 제2호, 제17조 제3호(신체 손상에 의한 아동학대의 점) 및 구 아동복지법 제71조 제1항 제2호, 제17조 제5호(정서적 학대에 의한 아동학대의 점))

법원은 특수교사 T1이 점심시간에 점심을 먹지 않고 돌아다니는 장애학생 S1을 체벌로 지도한 것에 대해서, 장애학생 S1 신체에 손상을 주는 학대 행위와 의식주를 포함한 기본적 양육·치료 및 교육을 소홀히 한 방임 행위로 판단하였다. 이에 대하여 법원이 유죄를 선고한 이유는 다음과 같다.

1) 장애학생 S1이 중증장애인이지만 범죄사실에 부합하는 취지의 진술을 일관성 있게 구체적으로 하고 있어 신빙성이 높음.
2) 특수교사 T1도 S1의 점심 식사와 수업 참여를 제한한 사실을 인정함.
3) 제출된 녹음 파일에 의하면, T1이 S1에게 점심 식사를 하지 못하게 하면서 죽비로 수차례 때리는 소리가 들림. 이는 범죄사실에 부합함. 5교시까지 서 있으라는 지시를 명시적으로 한 것이 확인됨.
4) S1에게 폭행을 가하면서 점심 식사를 금지하는 조치를 취한 시점에서 T1은 (학교 내) 보호자로서 상당히 높은 수준의 감독 의무를 부담하였음.
5) (S1을 체벌로 지도한 후 바로) T1이 자신의 출장을 이유로 현장을 떠났다는 사정만으로 그 감독의 의무가 소멸된 것은 아님.
6) 학대의 개념(아동복지법상)에 대한 법리, 체벌에 관한 법리에 비추어 보면, T1이 S1을 학대하려는 목적이 없었다고 해도, T1의 행위는 신체에 손상을 주는 학대 행위임. 또한 교육 목적의 학생 지도 일환이었다는 사정만으로 정당 행위라고 할 수 없음.
7) S1에게 점심 식사를 하도록 하고, 수업에 참여하게 하지 않은 한, 이 또한 T1의 방임 행위에 의한 학대 행위임.

따라서 특수교사 T1은 아동복지법을 위반하였다. (구 아동복지법 제71조 제1항 제2호, 제17조 제6호(방임 행위에 의한 아동학대의 점))

무죄 판결

법원은 특수교사 T1이 특수학급 복도에서 장애학생 S2를 활동지원사에게 인계하는 과정에서 일어난 일에 대하여, T1이 S2의 성기 부위에 접촉하려는 의도를 가졌고 실제로 손이 성기 부위에 접촉되었으며, 이는 객관적으로 일반인에게 성적 수치심이나 혐오감을 일으키게 하고 선량한 성적 도덕관념에 반하는 행위로서 강제추행 행위로 평가하기 충분하고 T1의 고의도 인정된다고 판단하였다.

심리 과정에서 T1에게 적대적인 감정을 가지고 있는 특수교육실무사 PP2가 T1에게 불리한 진술을 한 것에 대해 신빙성 문제가 제기되기도 했다. T1의 손이 S2의 성기 부위에 직접 닿지는 않았다는 특수교육실무사 PP1(특수학급 1반)의 증언도 있었다. 그러나 재판부는 증인신문 과정에서 PP1이 지속적으로 T1에 대하여 우호적인 대답을 하려고 노력한다고 보았다. 그리고 PP1이 그 당시 현장에 없었다는 다른 증인들의 주장을 받아들여 PP1의 증언을 신뢰하지 않았다. 그러나 T1이 복도에서 S2를 강제추행 했다는 검찰의 공소사실(검찰의 주장)에 대하여 법원은 다음과 같은 이유로 무죄를 선고했다.

1) 장애학생 S2는 소변 실수를 자주 했음.
2) S2의 보호자들도 소변 문제에 관심이 있음.
3) 특수교사 T1은 보호자로서 S2의 건강 상태를 확인하고자 함. 실제로 S2가 비뇨기과에 가서 진료를 받음.
4) T1은 특수교사로서 S2의 학교생활에서 보호·감독 책임을 맡고 있고, 신변처리를 지도할 포괄적인 권한이 있음.
5) S2는 중증장애인으로 장애 정도가 중하고, 정상적인 의사소통이 어려운 상황임. 그렇기 때문에 T1이 다른 의사소통 수단을 통해 S2의 상태를 확인할 수 없음.

따라서 특수교사 T1의 행위는 사회상규(사회윤리와 사회통념)에 위배되지 않는 정당 행위이다. (형법 제20조(정당 행위))

또한 법원은 화장실에서 장애학생 S2의 신변처리를 지원하던 중에 있어난 일에 대하여, 특수교사 T1이 특수교육실무사 PP2로부터 S2를 인계받았고, T1이 PP2를 대신하여 S2의 신변처리를 지원하였다는 것을 인정했다. 그러면서 특수교사 T1이 화장실에서 S2를 강제추행했다는 검찰의 공소사실(검찰의 주장)에 대해서 법원은 다음과 같은 이유로 무죄를 선고하였다.

하나

1) 특수교사 T1의 장애학생 S2의 신변처리 지원은 소변 교육에 해당함.
2) 당시 화장실에서 S2를 소변 보게 하려는데, 원활하게 보지 못하고 있는 상황임.
3) S2는 최중증 장애학생이기 때문에 성기를 접촉해야만 소변을 볼 수 있도록 보조할 수 있음.
4) 당시 S2는 야외 활동에 참여 중이어서, S2에 대한 보호·감독의 책임은 온전히 T1을 포함한 교사들에게 있음.

따라서 특수교사 T1의 행위는 사회상규(사회윤리와 사회통념)에 위배되지 않는 정당 행위이다. (형법 제20조(정당 행위))

특수교사 T3, 일반교사 GT에 따르면, 1심 재판이 열리는 동안 그 지역 학교의 특수교사들도 조퇴하고 재판에 참석하였으며, 특수교사 T1이 당시 근무하던 학교의 학부모뿐만 아니라 전에 재직했던 특수학교의 학부모들까지 소문을 듣고 서로 연락하여 장애 자녀와 함께 재판을 방청했다고 한다. 그 인원이 재판 초기에는 100석 규모의 방청석이 꽉 찰 정도였고, 특수교사들과 장애학생의 학부모들이 재판부에 T1의 선처를 요청하는 탄원서 2천 장을 작성해 제출했다고 한다.

2. 제2심 형사 판결[17]

검찰과 피고인 특수교사 T1 측이 각각 1심에 항소하여 제2심 재판이 시작되었다. 제2심 재판은 총 세 차례 진행되었다. 두 번째 공판기일에서는 장애학생 S2의 어머니가 재판에 출석해 "성추행 혐의로 특수교사 T1이 처벌받는 것을 원하지 않는다"라고 답변했다.

유죄 판결

제2심 법원은 장애인 준강제추행 혐의에 대한 검찰의 공소사실(검찰의 주장) 중 화장실에서 일어난 사건에 대해서는 제1심 법원의 무죄 판결을 유지했고, 특수학급 복도에서 일어난 사건에 대해서는 유죄 판결을 내렸다. 제2심 법원이 유죄로 판단한 이유는 다음과 같다.

1) S2가 소변 실수가 잦아 비뇨기과적으로 문제가 있는지 염려가 되어서 활동지원사에게 병원에 데려가 진찰을 받아볼 것을 설명·권유하는 과정임. 그렇다고 성기를 접촉하지 않으면 안 될 특별한 사정은 없음.

2) T1은 비뇨기과 의사가 아니고, 성기를 접촉해 봄으로써 S2가 비뇨기과적으로 문제가 있는지 여부를 판별할 의학적 지식

이 없음. 따라서 검찰의 공소사실(검찰의 주장)대로 손으로 S2의 성기를 움켜쥐는 행위는 긴급한 상황도 아니고, 알맞지 않은 방법이며, 성기 접촉 말고는 다른 수단이 없었던 것이 아님. 설령 (T1의 주장처럼 스치는 정도로) 손이 S2의 성기를 접촉하는 수준에 그쳤다 하더라도 마찬가지임.

따라서 특수교사 T1의 행위는 정당 행위가 아니다. 제1심의 무죄 판결은 정당 행위에 관한 법리를 오해하여 내려진 것이다. 성폭력범죄의 처벌에 관한 특례법(장애인 준강간 등)을 위반하였다.

제2심 법원은 T1 측이 항소한 강요죄와 아동복지법위반죄에 대하여서도 제1심의 유죄 판결을 유지했다. 그 이유는 다음과 같다.

강요죄
(시험 시간에 일어난 일)

1) 죽비를 사용하여 장애학생 S2의 손 부위와 팔, 다리를 때리는 행위에서 한발 더 나아가 S2에게 '앉았다 일어서기'를 반복적으로 시키지 않으면 안 될 특별한 사정이 없음. 특수교사 T1은 당시 S2가 시험지를 찢고 흥분한 상태로 교실을 뛰어다녔

다는 취지로 진술·주장하고 있으나 T1의 진술 외에는 명백한 증거가 없음.

2) S2의 상태가 T1의 주장과 같았다고 해도, T1이 죽비로 S2를 체벌하고 있을 무렵에는 이미 S2가 뛰어다니는 것을 멈추고 흥분한 상태도 가라앉았거나 가라앉기 시작하였던 것으로 보임. 그 후 S2가 다시 소리를 지르는 등 흥분한 것처럼 보이는 상태로 있었다 하더라도, 이는 T1이 죽비로 S2의 손, 팔, 다리 부위 등을 때리는 것에 대한 반응에 불과한 것으로 보임.

3) T1이 죽비로 S2의 손, 팔, 다리 부위 등을 때린 후, 다시 S2에게 '무릎 꿇고 앉아서 두 손 들기'를 시켰음. 이에 S2는 별다른 저항 없이 T1의 지시를 수행함. S2가 '무릎 꿇고 앉아 두 손 들기'를 하는 동안, T1은 S2에게 시험지를 찢으면 안 되고, T1에게 힘을 쓰면 안 되고, S2가 잘못하여 벌을 받고 있다는 것을 설명함.

4) 그와 같은 일련의 정황에 비추어, S2의 흥분 상태가 전부 내지 대부분 가라앉았을 것으로 보임. 그럼에도 불구하고 T1은 S2를 일으켜 세워 다시 '앉았다 일어서기'를 반복하여 시킴.

5) T1의 주장대로 '앉았다 일어서기'가 14분 정도였다고 하더라도, S2 또래의 비장애학생뿐만 아니라 성인에게도 그 시간 동안 그와 같은 행동을 하는 것은 매우 힘든 행위임. (필자주: 검찰이 증거로 제출한 녹음 파일이 14분임. 공소사실 및 제1심 판결에는 30~40분간 시킨 것으로 되어 있음.)

따라서 제1심 법원이 특수교사 T1의 행위가 강요죄에 해당한다고 판단한 것은 정당하다.

아동복지법위반죄
(체육 수업과 점심시간에 일어난 일)

1) 제1심 법원의 사실인정은 정당한 것으로 수긍이 감. T1의 주장처럼 실제로 일어난 사실관계를 지나치게 과장하였다고는 보이지 않음.

2) 특수교사 T1은 제1심에서도 T1의 보호·감독 의무가 출장을 이유로 지도현장에서 떠났을 때 종료되었다고 주장함. 그러나 장애학생 S1에게 점심 식사를 못하게 하고 5교시까지 서 있도록 명시적으로 지시했고, S1의 특수학급 담임교사인 특수교사 T2에게 T1 자신이 S1을 직접 지도하겠다고 알렸으며, 특수교육실무사 PP2에게 S1을 5교시가 끝나면 교실로 보내라고 지시하였음.

3) T1의 진술에 의하더라도, T1은 특수학급 교사로서 장애학생들의 지도를 담당하고 있었고, 이 사건 당시에도 S1을 직접 지도하고 있었음.

4) T1의 행위가 정당 행위에 해당하지 않는다는 제1심 법원의 판단은 정당한 것으로 수긍함.

따라서 제1심 법원이 특수교사 T1의 행위가 아동복지법을 위반했다고 판단한 것은 정당하다.

제2심 법원은 양형의 이유에서 피고인 T1의 유리한 정상과 불리한 정상을 밝혔다. 주요한 내용은 다음과 같다.

피고인 T1은 특수교사로서 장애학생인 S1, S2를 지도하는 과정에서 각 범행을 저지른 것으로, 그 경위에 일부 참작할 만한 사정이 있는 것으로 보인다. 또한 특수교사 T1의 각 범행으로 인하여 피해자 장애학생들이 입은 신체적 피해의 정도가 중하지 않으며, 장애학생 S2 측과 합의가 이루어져 장애학생 S2 측이 T1의 선처를 바라고 있다는 점이 피고인 특수교사 T1에게 유리한 정상이다. 반면에 피고인 특수교사 T1이 강요, 학대·방임, 강제추행 등의 각 범행을 저지른 것은 그 범행의 경위와 내용, 수단과 방법, 결과 등에 비추어 죄질이 결코 가볍지 않다. 그와 같은 범행으로 피해자 장애학생들(S1, S2)이 상당한 정신적 고통을 겪은 것으로 보인다. 현재까지도 피해자인 장애학생 S1 측과는 합의 내지 완전한 피해 회복이 이루어지지 않고 있다는 점이 피고인 특수교사 T1에게 불리한 정상이다.

3. 제3심 형사 판결[18]

특수교사 T1은 이에 다시 불복하여 상고한다. 제3심은 '법률심'으로서 사실문제에 관해서는 판단하지 않고, 오로지 법률적인 관점에서 서류 심사로 판단한다. 즉, 대법원은 하급 법원이 채택한 증거들을 살펴보면서 판결에 적용한 법리의 적합성을 따지는 것이다.

대법원은 하급 법원의 재판부가 유무죄 판단에 필요한 심리를 다하지 않은 채, 경험 법칙과 논리 법칙을 위반하여 증거들을 판단했다고 보지 않았다. 또한 강제추행, 강요죄, 정당 행위 등에 관한 법리 적용에 있어서 오해가 없다고 판단했다. 따라서 제2심 법원의 유죄 판결에 대한 특수교사 T1의 상고는 기각되고 제2심 판결이 확정되었다.

누군가에게 일어났지만, 누구라도 겪을 수 있는

교육청 징계와 불명예 해임, 그리고 성범죄자라는 낙인

⏳

대법원 판결 이후, 교육청에서는 유죄가 확정된 특수교사 T1의 징계를 논의하기 위해 징계위원회를 소집했다. 부교육감이 징계위원회 위원장 1인과 교육청 인사 관련 장학사 3인, 외부 인사로 변호사 1인, 학부모 1인 등을 위원으로 구성하여 징계위원회를 열고, 대법원 판결을 근거로 하여 T1에 대한 해임 처분을 내렸다. 그런데 징계위원 중에 특수교사 출신 장학사나 특수교사, 장애학생 학부모는 한 명도 없었다. 특수교사 T3과 일반교사 GT에 따르면, 교육청에서는 사건이 언론에 보도된 뒤에 특수교사 T1을 바로 징계 처분하려고 했지만, 교원노조에서 징계를 법원 판결 이후로 미뤄달라고 교육청에 청원하여 그나마 징계 처리가 3심 판결이 확정된 뒤에야 이루어진 것이라 했다.

하나

특수교사 T1은 이러한 교육청의 해임 처분에 불복하여 교원소청심사위원회에 행정심판을 청구하고, 행정법원에 행정소송을 다시 제기했다. 이 과정에서 T1은 교육청 장학사와 함께 교원소청심사위원회에 참석했는데, 당시 교원소청심사위원회 위원 중에서도 특수교사 출신이나 특수교육과 교수 등 특수교육에 대해 잘 알고 있는 전문가는 없었다. 이 교원소청심사위원회에서 T1의 해임 처분은 확정된다.

특수교사 T1은 이 사건으로 수사와 소송으로만 몇 년을 보냈다. 경찰 조사, 검찰 조사 과정에서는 정신적 충격으로 두 차례 자살 시도를 했고, 형사소송 중에는 매번 자살 충동을 느꼈다고 한다. 그리고 20여 년간의 교직 생활은 징계 처분으로 불명예스럽게 마감됐다. 퇴직금은 소송비용 등으로 다 사용했다. 그뿐만 아니라 성범죄 유죄 판결이 확정된 후, 10년 동안 얼굴을 공개하기 위해 매년 관할 경찰서에 가서 성범죄자 신고를 해야 했다. 특수교사 T1은 겉으로는 괜찮아 보여도 심정적으로 정상적인 삶을 살지 못하고 있다고 밝혔다. 특수교사 T3, 일반교사 GT에 따르면, 이 사건 이후 교육청은 지역의 교원노조, 비정규직 노조의 요청으로 특수교육실무사가 한 학교에 일정 기간 이상 근무하지 못하도록 순환 근무제를 도입하였다. 또한 해당 학교 특수학급 복도에는 CCTV가 설치됐다.

둘, 누가
피해자이고,
누가
가해자일까?

중도중복장애학생들의 수가
지속적으로 증가하고 있는 상황에서
학교 현장에서의 교육 지원은
여전히 미비하기만 하고,
열악한 교육 환경은 인권침해를 낳는
구조적 원인으로 작용할 수 있다

앞서 살펴본 ○○학교 특수학급의 사례는 특수교육 현장에서 일어날 수 있는 다양한 인권 사안에 관하여 많은 시사점을 던져준다. 모든 사람은 인간이라는 이유만으로 동등한 존엄성을 가진다. 인권은 이러한 인간존엄성을 토대로 하므로, 인권의 요구는 정당성을 갖는다. 인권은 한마디로 보편적이고, 실정법을 넘어선 도덕적 권리이며, 인간존엄성 실현에 필수불가결한 권리라는 특성[19]이 있다.

그러나 사회적 약자와 소수자의 인권에 대한 사회적 관심이 높아지고 있는 가운데서도, 장애인의 경우는 비장애인에 비해 사회적으로 취약한 요소들로 인해 여러 가지 위험이나 학대, 방임을 경험할 확률이 더 높은 것으로 나타나며, 학교에서도 괴롭힘을 경험하거나 폭력의 피해자가 되기 더 쉽다고 보고되고 있다.[20]

또한 특수교육 현장에서 일어나는 인권침해 문제는 비단 장애학생에게만 국한되지 않는데, 특수교사의 80% 내외가 장애학생으로부터 신체적 공격을 경험한 적이 있다는 연구 결과가 있으며,[21] 교육 환경의 변화에 따라 특수교사의 인권이 침해되는 사례도 자주 보고되고 있다.[22]

사회적으로 시각중복, 청각중복, 지체중복과 같은 감각장애뿐만 아니라 인지장애(지적장애, 자폐성장애)를 가진 중도중복장애학생들의 수가 지속적으로 증가[23]하고 있는 상

둘

황에서 학교 현장에서의 교육 지원은 여전히 미비하기만 하고, 열악한 교육 환경은 인권침해를 낳는 구조적 원인으로 작용할 수 있다. 그렇다면 이번 사례는 어떤 사회적 맥락과 환경에서 발생하고 드러나게 되었을까? 두 차례의 심층면담을 통해 사건 관련자와 참고인의 이야기를 들어보기로 했다.

첫 번째 심층면담에는 ○○학교 특수학급의 장애학생 인권침해 사례의 당사자인 전직 특수교사 1명(T1)과 본 사건 대응을 지원한 특수교사 1명(T3), 형사소송 1심 변호사 1명(L), 장애인 단체 대표 2명(A1, A2), 여성장애인성폭력 상담소 전 소장 1명(W), 사례 학교의 일반교사 1명(GT)을 포함하여 총 7명을 심층면담하였다. ○○학교 특수학급 사건의 1심 변호사는 특수학교 장애학생 인권침해 사건에서 장애학생을 변호한 경험이 있다. 장애인 단체 대표 한 명(A1)은 장애학생 S1의 아버지와 특수교육실무사 PP2를 상담한 후에 이 사건을 언론에 알릴 수 있도록 기자를 특수교육실무사 PP2와 장애학생 S1의 아버지 P1에게 연결해 주었다. 참여자의 익명성을 보장하기 위해 지역명 등은 제외하였고, 구체적인 이름이 드러나지 않도록 처리하였음을 밝힌다.

1차 심층면담 참여자 일반 정보

참여자	소속기관	직위	경력
A1	장애인 단체	대표	15년 이상
A2	장애인 단체	대표	25년 이상
L	-	변호사	5년 이상
T1	○○학교 특수학급	전 특수교사	15년 이상
T3	특수학교	특수교사	20년 이상
GT	○○학교 일반학급	일반교사	25년 이상
W	여성장애인성폭력상담소	전 소장	15년 이상

둘

사례에서 본
장애학생 인권 문제

⧖

1. 장애학생에 대한 폭력

행동수정으로서의 체벌

특수교사 T1은 학생들이 학기 초에 체육 수업에서 여러 차례 체육복을 입고 오지 않자, 다음에도 체육복을 입고 오지 않으면 행동수정 방법 중 하나인 벌을 받기로 학생들과 약속했다. 이에 따라 당시 체육복을 가져오지 않은 장애학생 S1은 체육복을 가져오지 않은 다른 장애학생들과 함께 평상에서 1시간 동안 무릎을 꿇고 벌을 받는다. 특수교사 T1은 1시간이라고 했지만, 실제 학생들은 평상에서 무릎을 꿇다가도 서로 장난치면서 놀고 있었다고 한다. 이에 대해 장애인 단체 대표 A2는 특수교사 T1이 이와 같은 행동수정 방법을 사용한 것을 두고 장애학생을 한 사람의 인격으로 보지 않은 것이라는 의견을 냈다.

특수교사 T1은 장애학생 S2가 통합학급에서 지필 시험을 보다가 시험지를 찢고 소리를 질러 특수학급으로 인도되어 온 상황이라, S2의 손이 잘못한 것이라고 말하며 죽비로 손등을 두어 차례 쳤다. 행동수정 방법으로 다음에는 찢으면 안 된다고 얘기하며 죽비로 친 것이다. 장애인 단체 대표 A2는 죽비라는 도구를 사용해서 장애학생을 체벌한 것은 아동학대라는 의견을 밝혔다.

특수교사 T1은 장애학생 S1이 점심시간에 밥을 먹지 않고 돌아다니는 것을 여러 차례 발견하고, 학기가 시작한 지 꽤 지났음에도 식습관이 자리 잡지 않아 한 번쯤 제재가 필요하다고 판단했다고 한다. 특수교사 T1은 식습관을 잡아주기 위해서 행동수정 방법으로 장애학생 S1을 복도에서 죽비로 체벌하고, 밥을 먹지 못하게 하였다. 특수교사 T1은 장애생 S1을 혼내는 과정에서 S1의 손등을 죽비로 두어 차례 친 후, 환기를 목적으로 학생이 아니라 자신과 주변 사물을 죽비로 치는 상황이었다고 주장하였다. 그러나 특수교육실무사 PP2가 녹음한 파일에는 이러한 정황이 드러나지 않고, 죽비로 치는 소리만 있어 장애학생 S1만을 계속 치는 상황으로 오해받을 소지가 있다고 말하였다. 또 특수교사 T3은 재판을

둘

방청하였을 때 특수교육실무사 PP2의 진술과 달리 장애학생 S1이 그날 체벌로 인해 식사를 굶지 않았다고 진술하는 것을 들었다고 증언했다. 장애인 단체 대표 A2는 특수교육실무사 PP2가 특수교사 T1의 체벌을 제어하기보다는 상황을 녹음하고, 바라만 보고 있었다는 사실도 인권침해라는 의견을 냈다.

학교에서 아직 체육복이 안 나와서 이전 학교의 체육복을 입고 체육 수업을 했어요. (장애학생) S1이 계속 체육복을 안 가져와서 다음번에도 안 가져오면 벌을 세운다고 다른 친구들과 약속했어요. 행동수정 방법이었죠. 그래서 그날도 체육복을 안 입고 와서 벌을 세운 것이죠. 1시간이라고 되어 있지만, 실제 학생들은 평상에서 장난치면서 노는 상황이었죠. … **특수교사 T1**

행동수정을 사용한 것은 이 선생님(특수교사 T1)이 장애학생을 한 사람의 인격으로 보지 않은 부분이 있어요. 비장애인의 정상성에 중독된 것 같아요. 이것은 아동학대죠. … **장애인 단체 대표 A2**

녹음 파일 소리만 들으면 제가 학생을 계속 때린 것처럼 보이는데요. 실제 학생은 몇 차례 때리지 않고, 제 몸이나 주변의 사물을 때렸어요. 죽비 소리가 커서 환기하려고 한 방법이었어요. … **특수교사 T1**

이 선생님(특수교사 T1)은 행동주의자인가 봅니다. 장애학생에게 죽비라는 도구를 사용해서 체벌한 것은 심각한 아동학대이죠. …
장애인 단체 대표 A2

재판할 때는 장애학생 S1이 나와서 밥을 굶었다는 얘기는 안 했어요. 특수교육실무사 선생님(PP2)이 빵을 줘서 먹었다고 했지요. 그런데 언론이나 경찰, 검찰의 수사 과정에서도 밥을 굶긴 것으로 나오더군요. … **특수교사 T3**

특수교사(T1)가 장애학생을 때리고 있을 때, 특수교육실무사(PP2)가 바라만 보며 녹음하고 있었다면, 학생이 인권침해 당하는데도 방치한 것이죠. … **장애인 단체 대표 A2**

장애인 비하

특수교사 T1은 특수교육실무사 PP2가 장애학생의 신변처리를 지원하는 과정에서 비하 발언을 한 것에 대해 학부모가 국가인권위원회에 진정을 넣어 '장애인 비하'라는 결과가 나온 것으로 알고 있었다. 장애인 단체 대표 A2는 특수교육실

둘

무사 PP2가 인권적으로 문제가 있는 것 같다는 의견을 냈다.

학부모님 중에 한 분이 특수교육실무사(PP2)가 장애인을 비하했다고 국가인권위원회에 장애 차별로 진정한 것으로 알고 있어요. 진정 결과 '장애인 비하'이고, 징계 조치와 인권 교육을 받아야 한다고 권고가 나온 것으로 들었어요. … **특수교사 T1**

특수교육실무사(PP2)는 인권적이지 않아요. 어떻게 보면 이분이 더 인권적으로 문제가 있는 것 같아요. 일상적인 언어로 장애학생을 차별하고 있죠. … **장애인 단체 대표 A2**

2. 장애학생에 대한 인권 감수성 부족

신변처리 지도 중 부주의한 신체 접촉 여부

특수교사 T1은 장애학생 S2가 하교할 때 특수학급 앞 복도에서 활동지원사에게 장애학생 S2가 소변 실수가 잦으니, 병원에 가보라고 손으로 성기 부분을 가리키는 과정에서 자기 손이 장애학생 S2의 성기 부분에 닿았는지 안 닿았는지 기억나지 않는다고 하였다. 장애인 단체 대표 A2는 특수교사가 신변처리 지도를 교육 공간이 아닌 공동 생활 공간인 복도에서도 할 것인지를 개별화교육지원팀 회의를 통하여 장애학생 S2의 특수학급 담임교사인 특수교사 T2나 장애학생 S2의 보호자와 합의하지 않았다면, 특수교사 T1이 직무상 실수를 한 것이라고 말하였다. 특수교사 T1은 복도에 CCTV도 없고 장애학생 S2가 의사소통이 안 되는 상황이라서 자신의 결백함을 증명하는 데 어려움이 있다고 호소하였다. 이에 여성장애인성폭력상담소 전 소장 W는 한 차례의 신체 접촉과 주변인의 주관적 진술만으로 성폭력으로 단정하기 어렵다는 의견을 밝혔다. 또한 이러한 단정적 접근으로 인해 앞으로 비슷한 상황에서 다른 특수교사들도 위험해질 수 있음을 우려하였다. 변호사 L은 신변처리가 일상적이고 자연스러운 지도 과정이라고 하더라도 특수교사의 인권 감수성이 세밀해야 한다는 의견을 냈다.

(장애학생) S2가 방금 화장실을 다녀왔는데도 계속 바지에 소변 실수를 하는 거예요. 그래서 소변 기능에 뭔가 이상이 있나 생각했어요. 신변처리 지도도 치료가 먼저 필요한 경우에는 치료가 다 끝난 후에 해야 하거든요. 그래서 하교할 때 얘기했죠. S2를 병원에 데려가 봐야 한다고 활동지원사분에게 전달하는 과정에서 제 손이 성기에 닿았는지 안 닿았는지는 기억이 나지 않아요. 설령, 닿았더라도 교육적 목적에서 한 것이지 제가 성추행 의도를 가지고 한 것은 아니에요. 제 얘기를 듣고 활동지원사분이 장애학생 S2와 할머니랑 같이 병원에 갔었어요. 장애학생 S2가 의사 표현이 어렵고 CCTV도 없는 상황이라 너무 답답하고 억울하죠. … **특수교사 T1**

특수교사가 신변지도를 교육 공간이 아닌 공동 공간인 복도에서도 할 것인지 개별화교육지원팀에서 논의를 했나요? 아니면 장애학생 S2의 특수학급 담임교사인 T2나 장애학생의 보호자와 합의한 사항인가요? 특수교사 T1이 직무상 실수를 한 거죠. 인권 감수성이 많이 부족한 것 같아요. … **장애인 단체 대표 A2**

반복적이고 상습적인 것도 아니고 한 차례의 신체 접촉과 주변인의 주관적 진술만으로 성폭력으로 단정하기 어렵죠. 저희에게 상담이 들어왔다면 지원하지 않았을 거예요. 그리고 장애학생도 만

나봐야죠. … **여성장애인성폭력상담소 소장 W**

선생님(T1)께서 "장애학생이 머리가 아프면 이마를 짚어볼 수도 있고," 이런 말을 하셨어요. 설령 손이 학생의 몸에 닿았더라도 학교에서 아이의 건강상태를 일차적으로 체크하는 것이 선생님이 마땅히 해야 하는 일이라는 취지로 말씀하셨고, 저도 공감을 하는데요. 앞으로는 우리가 인권 감수성이 더 세밀해져야 한다고 생각해요. 다른 사람들이 둘러싸고 있는 곳에서 신변처리 지도를 한다는 것이 나한테는 자연스러울 수 있지만, 그 학생도 어느 정도 인지가 생긴 입장에서는 불편할 수 있고요. (장애학생) S2 같은 경우, 성적 자기결정권을 인지할 수 있는지 알 수 없잖아요. 자연스러운 일상이었더라도 공개된 장소에서는 그 학생에 대해 더 민감한 상태였다면 어땠을까 라는 생각이 들어요. 특수교사니까 인지했어야 한다는 것이 아니라 인권 감수성 훈련이 필요하다는 거예요. '특수교사는 어려운 직업이고, 대소변 훈련하면 만질 수도 있지'라고 생각할 수 있는데, 유동적으로 재량적인 판단을 부여하더라도 어떤 기준이 있어야 한다고 생각해요. 예를 들어 대소변 훈련 과정에서 성기 접촉이 불가피하면 당사자, 부모와 협의를 해야 합니다. 이 사건은 할머니가 원하셔서 신변처리 지도를 했는데, 부모님과는 접점이 없었던 것 같아요. 증인신문에는 할머니가 나오지 않고 부모가 나온 것으로 기억하는데, 이런 부분이 안타까웠어요. … **1심 변호사 L**

3. 장애학생의 교육권 침해

학부모의 자녀 등교 거부

특수교사 T1은 장애학생 S1의 아버지가 자신에 대한 전보를 학교에 요구하였지만 받아들여지지 않자, 장애학생 S1을 학교에 보내지 않았다고 진술하였다. 특수교사 T1에 따르면, S1의 특수학급 담임교사인 T2가 가정 방문하여 장애학생 S1을 만났을 때 S1이 학교에 가고 싶다는 의사를 표시했으나, S1의 아버지가 동의하지 않아서 등교하지 못하는 상황이었다고 한다. 이에 대해서 특수교사 T1은 아버지의 심정은 이해되는 부분이라고 말했다. 반면에 장애인 단체 대표 A2는 장애학생 S1의 아버지(P1)가 자녀를 학교에 보내지 않음으로써 장애학생 S1의 교육권이 침해받았고, 장애학생의 아버지 P1과 특수교사 T1 간의 갈등에서 장애학생의 교육권이 희생되었다는 의견을 주었다. 자녀의 체벌 문제를 바로 잡기 위한 학부모의 등교 거부 결정이 결과적으로 장애학생의 교육권을 침해하는 문제를 발생시켰다.

저는 장애학생 아버지 심정이 이해되는 부분이 있어요. 부모 입장에서는 그럴 수 있다고 생각해요. … **특수교사 T1**

학교에서 해결할 별다른 수단이 없었다고 하더라도 학생을 학교에 보냈어야죠. 어찌 되었든 체벌 문제를 해결해 보려는 아버지의 결정이 오히려 장애학생 교육권이 침해되는 결과를 가져오고 말았네요. … **장애인 단체 대표 A2**

개별화교육지원팀을 배제한 일방적 학급 배치

특수교사 T1에 따르면, 장애학생 S1이 시간제로 통합학급에서 학습하고 있는 학생임에도 불구하고 학교 관리자가 개별화교육지원팀의 논의를 거치지 않고, 장애학생 S1의 아버지 요구에 따라 특수교사를 배제한 채 S1을 통합학급에 전일제 형태로 배치하였다. 또한 통합학급 담임교사는 본인이 장애학생 S1을 감당하는 데 어려움이 발생하자 학교 관리자에게 지원 인력을 요청하였고, S1을 자신이 전담하겠다는 특수교육실무사 PP2의 제안을 학교 관리자가 승낙하여 PP2가 통합학급에서 장애학생 S1을 담당하게 되었다고 한다. 이에 대해 장애인 단체 대표 A2는 개별화교육지원팀 논의를 거치지 않고 장애학생 S1을 전일제 형태로 통합학급에 배치함으로써 장애학생 S1의 교육권이 제대로 고려되지 못했다고 말하고 있다.

(장애학생) S1이 학교에 안 나오다가 다시 학교에 나왔어요. S1의 아버지(P1)는 교장 선생님에게 저를 배제하고, S1이 통합학급에만 있게 해 달라고 한 것 같아요. 그래서 교감 선생님이 개별화교육지원팀 개최 없이 S1이 통합학급에 있게 결정을 해버렸어요. 그런데 통합학급 담임 선생님이 혼자서 감당하기 힘들어져서 교감 선생님에게 지원 인력 배치를 요구하게 되었어요. 마침, 이 사실을 알게 된 특수교육실무사(PP2)가 교감 선생님에게 자신이 하겠다고 한 것 같아요. 그렇게 교감 선생님이 개별화교육지원팀 개최 없이 특수교육실무사를 배치해 버렸죠. … **특수교사 T1**

개별화교육지원팀 회의를 열었어야죠. 왜 장애학생을 통합학급에 배치할 것인지를 관리자가 혼자서 결정하나요? 특수교육실무사 배치도 마찬가지고요. 학생의 교육권이나 학습권이 전혀 고려되지 않고 있어요. 교장 선생님이 혼자 결정할 것이 아니라 개별화교육지원팀 회의를 열었어야죠. … **장애인 단체 대표 A2**

학부모 요구 중심 장애학생 진단·배치 결정

특수교사 T1은 옛날과 다르게 학교에 중도중복장애학생이 점점 늘어나고 있다고 말했다. 특수교사 T3은 중도중복장애 학생인 S2가 일반학교 특수학급에 배치되어 일반학교 학사 일정에 따라 시험을 보는 것이 맞지 않는다는 의견을 밝히며, 이러한 일이 발생하는 것은 학생들의 복합적 장애 특성에 따른 필요보다는 학부모의 요구 중심으로 장애학생을 일반학교에 진단·배치하면서 생기는 문제로 바라보았다.

사회는 잘 모르겠지만, 옛날과 다르게 학교에 중도중복장애학생이 많아지고 있어요. … **특수교사 T1**

(장애학생) S2의 경우 별도의 공간에서 시험을 볼 수 있게 하는 게 맞겠죠. 중증 장애학생이 일반학교 학사 일정대로 시험을 보는 게 사실 맞지 않거든요. 교육청에서 장애학생을 진단·배치할 때 학부모 의견을 무조건 수용해서 학부모가 원하는 학교에 배치하다 보니 이런 문제가 생기는 것 같아요. 그래서 일반학교에 가도 전일제로 특수학급에 있는 학생들이 많아요. 너무 중증이라서 일반학급에 통합하는 게 어려운 거예요. 교육청에서 진단·배치할 때 장애학생에게 적절한 학교에 배치했으면, 이 학생이 일반학교 학사 일정대로 시험 볼 일이 없겠죠. … **특수교사 T3**

"

특수교사가 징계 대상일 때 특수교사나
특수교육학회 교수가 징계위원이나 참고인으로
의무적으로 출석해서 특수교육 상황을
설명하는 것이 필요하죠. 그래야 어떠한
교육적 상황에서 일어난 일인지 알 수 있겠죠

"

4. 장애학생의 사생활 침해

일상적인 비밀 녹음

특수교사 T1에 따르면, 특수교육실무사 PP2가 장애학생의 교육활동을 동의 없이 일상적으로 몰래 녹음하고, 이것을 언론에 제보한 사실에 대해서 학부모가 문제를 제기하였다고 한다. 장애인 단체 대표 A2는 특수교육실무사 PP2가 장애학생의 학교 생활을 일상적으로 도청하고 감시한 것은 반인권적이며 교육적이지 않다고 밝혔다.

학부모들이 처음에 언론 보도를 보고 특수교육실무사(PP2)가 학생들 동의 없이 마음대로 녹음해서 언론에 제보한 것을 두고 문제를 제기했었죠. … **특수교사 T1**

특수교육실무사(PP2)가 장애학생들에게 동의는 받고 녹음한 것인가요? 왜 녹음을 하나요? 특수교육실무사(PP2)는 교육적으로나 인권적으로 문제가 있어요. 다른 학교에 가서도 학생들이나 교사의 일상을 또 녹음하고 있을 수도 있잖아요. 반인권적이고 교육적이지 않아요. … **장애인 단체 대표 A2**

5. 장애학생의 형사절차상의 권리행사 침해

자기의사결정권(진술권) 보장

장애인 단체 대표 A2는 장애학생 S1의 아버지(P1)가 경찰 조사에서 신뢰관계인으로 참석하는 것은 바람직하지 않고, 장애학생이 직접 말을 잘할 수 있으면 혼자서 조사를 받으면 된다는 의견을 밝혔다. 변호사 L은 특수교사 T1과 갈등 관계에 있는 아버지 P1이 동석할 경우, 진술의 오염 가능성이 있어 P1이 참석하는 게 바람직하지 않다고 재판부에 요청했으나 받아들여지지 않았다고 말하였다. 하지만 이러한 우려에도 장애학생 S1은 재판에서 진술을 잘했다고 한다. 반면 장애학생 S2는 경찰 조사를 받는 과정에서 구어로 의사소통이 어려워서 조사가 중단되었고, 이후에는 검찰 조사를 받거나 재판에 출석한 적이 없는 것으로 특수교사 T1은 기억했다. 즉, 장애학생이 수사기관에서 조사나 재판을 받을 때 신뢰관계인이나 진술 조력인이 누가 되어야 하는지에 대한 논란이 있으며, 장애학생이 조사나 수사, 재판 과정에서 구어로 의사소통하는 데 어려움을 겪었으나 그에 대한 충분한 지원이 없었다는 것을 알 수 있다.

왜 아버지가 참석하나요. 장애인 당사자가 혼자 말을 잘하면 혼자서 조사를 받으면 되죠. 법적인 부분이 필요하면 변호사와 동석하거나 심리적 안정을 위해서는 학교 특수교사를 불러도 되죠. … **장애인 단체 대표 A2**

저희는 처음에 '이 재판에서 아버지가 동석하는 게 적당하지 않다. 특수교육실무사(PP2)의 얘기를 듣고, 자녀에게 자기의 생각을 주입한 것 같다'라는 얘기도 판사님에게 드렸어요. 그래서 아버지 말고 신뢰 관계가 있는 다른 사람이 와야 한다고 했어요. S1이 아버지 눈치 봐서 얘기할 가능성이 있어서 재판에 아버지가 함께 있는 걸 반대했는데, 판사님은 굳이 그렇게까지 할 필요가 없다고 판단한 것 같아요. 그런데 S1이 얘기를 아주 잘했어요. 자연스럽게 진술했거든요. 혼났던 것, 기억이 안 나는 건 흐릿하게 얘기하고요. 아버지의 눈치를 보거나, 누군가에 의해 조작된 것이 아니라 본인의 경험을 생각나는 대로 얘기하는 것처럼 보였어요. … **1심 변호사 L**

(장애학생) S2가 경찰 조사를 받았어요. 아버지가 동석한 가운데 조사를 받다가 경찰이 구어로 진술이 안 되니깐 중단한 것으로 알고 있어요. 이후에 검찰 조사는 받지 않은 것으로 알고 있어요. 재판에도 한 번도 출석한 적이 없어요. … **특수교사 T1**

둘

사례에서 본
특수교사 인권 문제

⌛

1. 특수교사의 교육활동 침해

업무 수행 갈등

특수교사 T1은 새로 부임한 학기 초부터 특수교육실무사 PP2와 크고 작은 갈등을 겪은 것으로 보인다. T1은 자신이 학급 운영비를 관리하고 필요한 물품을 구입해야 하지만, 특수교육실무사 PP2가 직접 물품을 구입하고, 결재를 요청했다고 진술하였다. 특수교사 T1에 따르면, 특수교육실무사 PP2에게 업무 요청을 하면, 다른 특수교사들은 자신에게 업무를 시킨 적이 없다며 수시로 일을 시키지 말라고 했다고 한다. 특수학급에서 특수교사 T1과 특수교육실무사 PP2는 업무 수행에 대한 갈등을 겪고 있었다. 다만, 특수교사 T1의 진술만으로는 둘 사이에 갈등 양상과 수준이 어떠했는지 정확히 알 수는 없다.

특수교육실무사(PP2)가 특수교사 위에 있는 거예요. 학급 운영비를 교사가 집행하려고 하면 서류만 교사가 작성하고, 특수교육실무사가 알아서 물건을 사고 집행하는 거예요. 그게 제일 문제였어요. 지원 인력과 교사의 위치가 바뀌어 있었죠. 제가 교사니깐 특수교육실무사(PP2)에게 정당하게 지원받을 것을 요청하게 되죠. 아침에 애들 화장실 가는 거나 뇌전증이 있는 애들, 컨디션 안 좋은 애들을 교실 입실까지 챙기라든지, 뇌전증을 일으키면 사고가 나니까 손을 잡고 가서야 한다든지 아침마다 저의 지시는 달랐어요. 그런데 지원 요청한 것을 다 거부하는 거예요. 누구 장학사도 나한테 이런 거 시킨 적이 없고, 전임 선생님 누구도 시킨 적이 없는데, 당신이 누구인데 나한테 시키느냐 그러는 거예요. … **특수교사 T1**

일상적인 비밀 녹음

특수교사 T1은 특수교육실무사 PP2가 T1이 새로 부임한 학기 초부터 동의 없이 몰래 자신(T1)의 교육활동을 녹음한 사실을 언론 보도를 통해 알게 되었다고 한다. 장애인 단체 대표 A1도 특수교육실무사 PP2에게 처음 제보받았을 때는 사안이 심각하다고 판단하여 언론사 기자를 연결해 주었지만, 녹음 파일을 들어보니 편집된 느낌을 받아 원본 파일을 PP2에게 요청하였으나 받지 못했다고 한다. 특수교사 T3도 특수교사로서 부적절한 사람이 있을 수 있으니 녹음할 수 있다고 하더라도 일상적인 것들을 모두 녹음한 것은 공익 목적이 아닌 것 같다는 의견을 냈다. 비록 법정에서는 녹음 파일이 공익 목적으로 인정되었지만, 학교 현장에서 특수교육실무사 PP2가 특수교사의 동의를 받지 않고 1년 가까이 녹음한 행위에 대해서는 부정적인 시선이 있다.

특수교육실무사(PP2)가 녹음한 사실을 언론 보도로 처음 알았어요. 사건이 터지고서야 녹취한 것을 알았죠. 방송 전날까지도 PP2와 마주 보고 커피를 마셨어요. … **특수교사 T1**

그 선생님(특수교사 T1)이 저 때문에 구속됐어요. 제가 특수교육실무사(PP2)의 얘기만 듣고, 기자를 연결해 줬거든요. 제가 인터뷰도 부정적으로 하고요. 근데 나중에 알고 보니 녹음한 게 편집된 것 같았고, 오랫동안 축적된 문제라고 생각했는데, 학기 초에 있었

던 문제인 거예요. 이상하다고 생각해서 사건을 알아보기 시작했어요. 장애학생 아버지(P1)도 만나봤는데 잘 모르시고, 옆 반 특수교사(T2)도 만나봐도 생각했던 상황이 아닌 거예요. 그 특수교육실무사(PP2)는 학교에 오래 있다 보니 자기가 터줏대감인 거예요. 젊은 선생님이 오면 묵인하에 자기가 다 알아서 했는데, 이 선생님(특수교사 T1)은 못 하게 한 거죠. 특수교육실무사(PP2)가 피상적인 역할밖에 못 하니까, 그때부터 녹음한 거죠. 그래서 학부모들도 다 만나봤죠. 30명쯤 만나봤어요. 반대쪽, 찬성 쪽 다 만나보니 조금 오해 소지가 있는 것 같아 개별 접촉을 했는데, 말이 다른 거예요. '잘못하면 선생님 한 명 길들이기가 되겠구나' 생각했죠. … **장애인 단체 대표 A1**

녹음 파일이 재판에서 공익 목적으로서 증거 인정되었잖아요. 하지만 저는 공익 목적인지 잘 모르겠는 거예요. 물론 잘못하는 특수교사도 있어요. 그래서 제보하려고 녹음을 할 수 있어요. 뭐라고 해야 하나, 녹음 파일을 들어보면 이 사람(PP2)이 진짜 많이 준비했구나, 이런 느낌이 들었어요. 별 얘기가 아닌 것도 다 녹음이 되어 있는 거예요.. … **특수교사 T3**

그 특수교육실무사(PP2)는 공익적 목적으로 문제를 바로잡고 학생들을 보호하기 위해 한 것이라고 주장했지만, 그 사람의 본심을

재판부는 알 수 없잖아요. 혐의도 있어 보이고, 구속도 되고, 그 당시에 수사기관 입장에서는 공익 목적이라고 볼 수밖에 없었을 거에요. 법을 떠나서 인권적으로 보았을 때, 물론 동의 없이 녹음한 것이면 도청이고 감시죠. 재판에서 증인신문 할 때 왜 모든 걸 녹음 했냐고 하니깐 "자꾸 선생님이 지시를 이랬다저랬다 해서"라고 했거든요. 작년에 당사자의 동의 없이 녹음한 것은 음성권 침해라는 첫 판결이 나왔어요. 하지만 '녹음자에게 정당한 목적이 있으면 위법성이 조각된다'라고 되어 있어요. 특수교육실무사(PP2)의 입장에서는 또 공익성을 주장하겠죠. … **1심 변호사 L**

학교 관리자의 무관심
① 특수교육에 대한 인식 부족

특수교사 T1은 학기 초 학교 관리자가 특수학급 운영비를 학교 화단 꾸미기 비용으로 사용하자는 제안을 거절한 적이 있으며, 학교 관리자가 장애학생 교육에 있어 문제만 발생하지 않게 특수학급 교실에만 있도록 요구했다고 한다. 한편 일반교사 GT는 사례의 학교에서 특수학급 학생들이 특수교사 T1에 의해 처음으로 수학여행을 가게 된 사실을 전하기도 했다. 당시 학교 관리자는 특수교육과 장애학생 교육에 대해 이해가 부족했던 것으로 보인다.

교장 선생님이 늘 하시는 말씀이 "아무것도 하지 마라"였어요. 그냥 가만히 문제만 없게 교실에만 있으라 해서, 진짜 그 학교 선생님들은 교실에만 있었어요. 요즘은 고학력 학부모도 많고, 당당하게 자녀들을 위한 혜택을 받으려고 여러 가지를 요구하는데, 학교에서 그렇게 하니깐 안에선 불만이 터지고요. 그것은 방치죠. 특수학급 경우는 일반학급과 왕왕 갈등이 있는데, 학교에서 우리 아이들 편이 안 돼 주는 거예요. 학부모들이 자주 안 와본다고 해도 왜 모르겠어요. … **특수교사 T1**

제가 특수학급에 대해서 정확히 알지는 못해요. 특수학급이 떨어져 있기도 하고요. 관심을 두지 않았어요. 우리 학교에서는 수학여행 갈 때 특수학급 학생들이 한 번도 같이 가지 않았어요. 그래서 당연히 특수학급 학생들은 안 가는 것으로 알고 있었죠. 그런데 선생님(특수교사 T1)이 부임해 오면서 처음으로 수학여행을 같이 가게 된 거예요. 장애학생들도 수학여행을 갈 수 있다는 것을 그때 알았어요. 처음에는 선생님이 학생에게 엄하게 대한다고만 생각했어요. 그런데 선생님(T1)은 장애학생들이 학교를 졸업하고 나서 사회인이 될 테니 원칙적으로 안 되는 행동에 대해서 엄격하셨던 것 같아요. 수학여행 갔을 때 장애학생들도 모두 놀이기구 탈수 있게 하고, 장애학생 한 명, 한 명을 세심하게 챙기는 모습을 봤어요. 장애학생들 잠자리까지 다 봐주는 모습을 보고 헌신적인 교사라는 생각을 했어요. 그동안 보아왔던 특수교사 모습과 달리 사명감이 뛰어났던 것 같아요. … **일반교사 GT**

---

② 개별화교육지원팀을 배제한 일방적 배치

특수교사 T1에 따르면, 장애학생 S1이 시간제로 통합수업에 참여하는 학생임에도 학교 관리자가 장애학생 S1의 아버지 요구에 따라 개별화교육지원팀 개최 없이 특수교사들을 배제하고 통합학급에 전일제 형태로 통합시켰다. 또한 통합학급 담임교사는 장애학생 S1을 감당하는 데 어려움이 발생하자 학교 관리자에게 지원 인력을 요청했고, 학교 관리자는 개별화교육지원팀 개최 없이 장애학생 S1을 전담하겠다는 특수교육실무사 PP2의 제안을 받아들여 PP2가 통합학급에서 장애학생 S1을 담당하게 했다. 이로써 학교 관리자가 장애학생 재배치 절차를 무시하고 의사 결정 과정에서 특수교사들을 배제하면서 장애학생 S1의 교육권 침해 문제를 파생시켰으며, 학부모와 특수교육실무사가 직접 소통하게 되면서 오히려 갈등 양상이 더 복잡해지고 확대되는 계기로 작용하게 되었다.

장애학생 S1이 학교에 안 나오다가 학교에 다시 나왔어요. S1의 아버지(P1)는 교장 선생님에게 저(T1)를 배제하고, 자녀를 통합학급에만 있게 해 달라고 한 것 같아요. 그래서 교감 선생님이 개별화교육지원팀 개최 없이 S1이 통합학급에 있게 결정해 버렸어요. 그런데 통합학급 담임 선생님이 혼자서 감당하기 힘들어져서 교감 선생님에게 지원 인력 배치를 요구하게 됐어요. 마침, 이 사실을 알게 된 특수교육실무사(PP2)가 교감 선생님에게 자신이 하겠다고 한 것 같아요. 그런데 교감 선생님이 개별화교육지원팀을 개최하지 않고, 지원 인력을 배치해 버렸죠. 그러면서 특수교육실무사(PP2)와 아버지(P1)가 직접 소통하게 되었던 것 같아요. 특수교육실무사(PP2)가 (장애학생) S1이 통합학급에서 어떻게 지내는지 아버지에게 알려주면서 자연스럽게 소통하게 되었고, 아버지가 법적인 준비를 한다는 것을 알고 자신이 갖고 있는 녹음 자료를 건네준 것 같아요. … **특수교사 T1**

개별화교육지원팀 회의를 열었어야죠. 왜 장애학생을 통합학급에 배치할 것인지를 관리자가 혼자서 결정하나요? 특수교육실무사(PP2) 배치도 마찬가지고요. 학생의 교육권이나 학습권이 전혀 고

려되지 않고 있어요. … 장애인 단체 대표 A2

③ 학교 관리자의 적절한 지원 부재

일반교사 GT에 따르면, 언론을 통해 해당 사건이 알려지면서 시끄러운 분위기 속에 학교 차원의 진상 조사는 이뤄지지 않은 채, 교감이 특수교사 T1을 경찰에 고발해 교무회의에서 싸움이 벌어졌다고 한다. 특수교사 T1은 사건에 대한 언론 보도로 경황이 없는 가운데 작성한 경위서의 일부 문구가 자기의 발목을 잡았다고 말하였다. 또한 교장 선생님에게 성폭력 사건에 대한 불고지죄로 벌금형이 나왔는데, 교무부장과 수석교사가 벌금 절반을 부담해 달라고 자신(T1)에게 요구하였다고 한다. 이러한 진술로 미루어 볼 때, 특수교사 T1은 학교 현장에서 문제가 발생했을 때 학교 관리자의 적절한 지원을 받지 못한 것을 알 수 있다.

언론 보도가 나고 시끄러운 상황이었는데, 갑자기 교감 선생님이 특수교사 선생님(T1)을 성추행범으로 경찰에 고발한 거예요. 학교에서 진상 규명도 이루어지기 전에 말이죠. 그래서 교무회의에서 항의하고 시끄러웠죠. 그래서 그때 교감 선생님이 승진에 문제가 있는 게 아닌가 생각하게 됐죠. … **일반교사 GT**

교무부장이나 수석교사는 오히려 저한테 불고지죄로 벌금 150만 원이 나온 것을 교장 선생님과 나눠서 내자고 말하더군요. 교육청에서 조사 나왔을 때도 교장 선생님은 장학사님 옆에 비스듬히 앉아서 지켜보고만 있었고요. (장애학생) S1의 아버지가 자녀를 학교에 보내지 않아서 교육청에서 찾아왔을 때도 특수교사는 빼고, 일반교사만 불러서 얘기하더군요. … **특수교사 T1**

2. 인권 구제 기회 상실

국가인권위원회의 조사 중지 결정

장애인 단체 대표 A2는 국가인권위원회에서 사실조사가 끝난 진정 사건에 관하여 결정을 내리지 않고, 경찰 수사가 시작되자 조사 중지 결정을 내린 것은 국가인권위원회의 본래 역할을 포기한 것이라는 의견을 밝혔다. 변호사 L도 인권적인 측면에서 국가인권위원회에서 사실조사가 끝난 사건이라면 사실조사 내용에 기초해 의견을 밝히는 것으로 제도를 개선할 필요가 있다고 의견을 냈다. 국가인권위원회가 사실조사를 끝내고도 그 내용과 의견을 밝히지 않아 특수교사 T1은 자신의 혐의에 대해 소명하고, 인권적으로 구제받을 기회를 상실하게 되었다.

국가인권위원회가 결정을 내리지 않아서 이 사건이 여론 재판으로 간 것이 문제죠. 국가인권위원회에서 좀 더 선제적으로 나왔어야죠. 국가인권위원회가 그때 한참 뜨거웠던 사안이라서 발을 뺀 것 같아요. … **장애인 단체 대표 A2**

국가인권위원회에서 사실관계 조사까지 했으면 자기 역할을 다해야죠. 제도적으로 규정을 바꿔서 사실관계 조사가 끝나서 의견 피력이 필요한 경우는 국가인권위원회에서 사건을 각하해서는 안 된다고 법으로 구현할 필요가 있다고 생각해요. … **1심 변호사 L**

---

3. 특수교사의 범죄자 낙인과 정신적 피해

언론 보도와 범죄자 낙인

특수교사 T1에 따르면, ○○방송 기자가 학교를 방문하여 장애학생 체벌과 관련해 자신과 학교장을 만나 취재한 뒤에 체벌 관련 보도가 나왔다고 한다. 장애학생 성추행 혐의에 대해서는 T1을 직접 취재하지 않고, 특수교육실무사 PP2와 장애학생 S1 아버지의 제보만을 가지고 같은 ○○방송과 □□신문에서 계속 보도하였다고 한다. 변호사 L은 언론 보도로 인해 피의자에 대한 부정적인 여론이 형성되면, 범죄자 처벌을 우선하는 수사기관의 특성상 범죄자를 처벌해야 한다는 압박을 느꼈을 것이라고 말하였다. 언론의 일방적 보도로 인하여 부정적 여론이 형성되면서 특수교사 T1은 범죄자로 낙인찍히게 되었다.

처음에 체벌 문제로 ○○방송 기자가 학교에 와서 저랑 교장 선생님을 취재했어요. 그 뒤 체벌 뉴스가 보도 됐어요. 나중에는 성추행 혐의도 보도되기 시작했어요. 언론 보도는 제가 구속될 때까지 ○○방송과 □□신문에서 계속 나왔어요. 성추행 혐의 관련해서는 ○○방송 기자나 □□신문 기자가 저나 목격자인 (특수교육실

무사) PP1을 단 한 번도 만난 적이 없어요. … **특수교사 T1**

언론 보도가 수사에 영향을 미쳤는지는 평가하기 어려운데요. 아무래도 언론 보도가 나오면 피의자가 불리할 수 있거든요. 경찰 입장에선 더 열심히 범죄자를 찾게 되고, 위에서도 수사 압박을 할테고요. 그래서 경찰도 혐의자를 처벌받도록 해야 하는 부담이 있었을 것 같아요. … **1심 변호사 L**

(성추행 혐의 관련하여) △△방송 기자가 와서 인터뷰를 요청했어요. △△방송 기자가 "저희 방송에서는 방송 안 하겠다고, 선생님 너무 고생하시겠다"고 했어요. … **특수교사 T1**

정신적 충격으로 인한 자살 시도

특수교사 T1은 자신의 사건이 언론에 보도된 이후 학교에 병가를 내고 정신과 치료를 받았다. 또한 집에 혼자 있으면서 자신에 대한 언론 보도를 보고 정신적으로 큰 충격을 받아 자살을 시도하기도 했다. 언론 보도 과정에서 반론권 보장 없이 일방의 주장만이 계속 보도되면서, 특수교사 T1은 스스로 생을 마감하고 싶을 정도로 심각한 인권침해에 노출되었다.

그때가 정신과 치료받고 있을 때예요. 경찰 조사도 받고 심신이 지쳐있는 상태였어요. 집에 혼자 있으면서 티브이(TV)를 켰는데, 제 뉴스가 나오는 거예요. 너무 충격받았었죠. 저희 아파트가 고층이라 베란다 문을 열고 죽으려고 했어요. 문을 열었을 때 벨소리가 울렸는데, 저도 모르게 달려가서 받았어요. 아버지가 전화하셨더라고요. 소송하는 동안에도 계속 괴롭고 힘들어서 늘 죽고 싶은 마음이었어요. … **특수교사 T1**

선생님(T1) 뉴스가 언론에 계속 나와서 혹시 자기 자녀에게 나쁜 영향을 주지나 않을까 걱정하셨나 봐요. 선생님(T1)과 같은 학교에서 근무한 선생님이, (T1의) 자녀가 다니고 있는 학교 선생님에게 아이를 잘 보살펴 달라고 부탁을 한 것 같더라고요. 그리고 선생님이 전에 같이 근무했던 특수학교 선생님들이 번갈아 가면서 아이를 돌봐줬다고 들었어요. … **특수교사 T3**

4. 특수교육적 맥락이 배제된 사법절차 및 징계절차

특수교육적 맥락이 배제된 수사

특수교사 T1에 따르면, 경찰이 수사 과정에서 특수교육실무사 PP2의 진술 중 혐의와 관련된 일부 문구만을 가지고 특수교육과 교수에게 사실조회를 하였다고 한다. 특수교사 T1은 이 과정에서 특수교육과 교수가 외국 사례에서는 신변처리 지도 과정에서 성범죄가 자주 일어나고 있으니, 아동학대라는 점에 유의해서 수사해야 한다고 의견을 준 것이 수사에 영향을 준 것 같다고 진술하였다. 전문가 사실조회를 할 때 특수학급에서 어떤 상황에서 일어난 일이었는지, 자신의 진술도 포함해서 사실조회가 이루어지지 않은 것에 대해서 아쉬움이 있다고 말하였다. 특수교사 T1은 자신이 성추행 혐의를 인정하지 않아서 증거인멸 우려가 있다고 보고, 특수교육실무사 PP2의 진술, 활동지원사의 진술, 특수교사 T2의 진술, 특수교육과 교수의 사실조회 의견 등을 근거로 청구한 구속영장이 받아들여져 구속된 것 같다고 말했다.

변호사 L은 수사기관은 범죄자를 처벌하는 역할을 하기 때문에 외부에서 보기에는 피의자를 범죄자라고 전제하고 수사하는 경향이 있다는 의견을 밝혔다. 1심 변호사 L은 경찰이 실제 특수교사 T1을 만났을 때 자신들이 생각했던 이미지와 달라서, 경찰도 안타까워했던 것으로 들었다고 말하였다.

특수교육실무사(PP2)가 경찰서에서 조사를 먼저 받았어요. PP2가 진술한 것 중에서 혐의로 보이는 문구를 가지고 경찰서에서 특수교육과 교수에게 사실조회 했더군요. 특수교육과 교수도 그 문구만 보고 신변처리 지도하는 과정에서 외국에서는 성범죄가 자주 일어나고 있으니, 아동학대라는 점에 유념해서 수사해야 한다고 한 것 같아요. 제가 진술한 내용도 없이 특수교육실무사(PP2)가 진술한 몇 문장 안 되는 것을 근거 자료로 경찰이 사실조회 하고, 교수님이 그것에 대해 범죄라는 식으로 말한 게 억울하죠. 특수학급에서 어떤 상황이었고, 그 학생의 상태는 어땠는지, 저의 진술까지도 포함해서 사실조회 하지 않은 게 아쉽죠. 나중에 소송할 때 저희 변호사님이 그 교수님 찾아가서 상황설명을 드리고, 증인으로 출석해달라고 설득했어요. 그런데 결국 나오시지는 않고, 신변처리 지도 과정에서 성추행으로 오해받는 사례와 관련해서 외국 논문만 재판부에 제출했어요. 제가 성추행 혐의를 계속 부인하니깐 경찰에서는 특수교육실무사 PP2의 진술, 활동지원사의 진술, 특수교사 T2의 진술과 특수교육과 교수님의 사실조회 의견을 근거로 해서 구속영장을 청구했어요. 아마도 제가 계속 부인하니,

증거인멸 우려가 있다고 해서 구속한 것 같아요. … **특수교사 T1**

수사기관은 무죄추정의 원칙이라고 하지만 피의자를 범죄자라고 보고 수사를 하는 경향도 좀 있는 것 같아요. 수사기관은 죄가 있는 사람을 처벌받게 하는 게 역할이잖아요. 그런데 특수교육실무사(PP2)를 조사하면서 특수교사 T1에 대해 생각한 이미지가 있었는데, 막상 T1을 만나보니 생각했던 이미지가 아닌 거예요. 그래서 안타까워했다고 전해 들었어요. … **1심 변호사 L**

장애인 관련 소송에서 고민되는 지점이 있어요. 장애인 당사자가 의사 표현하는 데 어려움이 있으면 관련 전문가에게 사실조회를 하게 되는데, 전문가가 단편적인 사실이나 자기 경험을 근거로 판사처럼 판단하고, 그것이 수사와 재판 과정에 중요한 참고 자료로 쓰인다는 게 문제라고 생각해요. … **1심 변호사 L**

그전까지는 너무나 급박하게 돌아가는 상황이 혼란스러워 정신과 치료를 받을 정도로 제정신이 아니었어요. 수사받으면서 이렇게 말했던 것 같아요. "성추행한 적도 없고, 더구나 하려고 마음조차 먹어본 적도 없다"라고 계속 진술했어요. 수사관은 특수교육실무사 PP2의 진술을 읽으며 "맞지요?"만을 물었어요. 그런데 제가 정확한 행위와 경위를 따져 설명했거든요. 제가 행동수정하는 데는

다소 지나침이 있었지만, 특수교사로서 장애학생의 가장 기본적인 신변처리 능력 향상을 위한 교육활동이었는데, 고려되지 않는 것 같았어요. … **특수교사 T1**

증인의 적절성 문제

변호사 L은 장애학생 S2의 바쁜 부모를 대신하여 할머니가 실질적인 보호자 역할을 하였기 때문에 할머니를 증인 신청했다고 한다. 그러나 재판부에서는 받아들이지 않고 법적인 보호자인 부모를 불렀다. 변호사 L은 할머니를 증인 신청한 것이 거부된 이유가 장애학생 S2 부모의 요청도 있고, 할머니가 고령으로 인해 조사 과정, 신문 과정에서 받을 충격으로 인해 건강이 염려되었기 때문인 것 같다고 진술하였다.

특수교사 T1에 따르면, 장애학생 S2는 신변처리가 어려웠는데, S2의 할머니가 특수교육지원센터의 부모 교육에서 만난 한 중도중복장애학생의 학부모로부터 특수교사 T1 덕분에 자기 자녀가 신변처리를 할 수 있게 되었다는 얘기를 듣고 자기 손주(S2)도 신변처리를 할 수 있도록 교육해달라고 특수교사 T1에게 요청하였다고 한다. 또한 중도중복장애학생 S2는 의사소통이 어렵다는 이유로 단 한 차례였던 경찰 조사에서도 조사 중에 돌려보내졌으며, 재판 과정에서도 정신과 전문의의 정신감정만 시행되었다고 한다.

장애인 단체 대표 A2는 수사 단계나 재판 과정에서 장애학생 S2가 의사소통이 어렵더라도 만나서 표정이나 몸짓 등을 살펴보는 게 필요하다고 말했다. 특수교사 T1은 자신의 담임 학급 특수교육실무사인 PP1의 증언이 수사 과정과 재판 과정에서 받아들여지지 않은 점과 특수교사 T2에게 2심 재판에 나와서 증언해달라고 부탁했으나 거절된 점이 재판 과정에서 아쉬움으로 남는다고 말하였다.

당시 검찰측과 T1측의 각 증인들의 증언에 대한 신뢰성이나 증인들의 심리 상태에 대해서는 T1의 진술로만은 정확하게 파악할 수 없다. 단지, 확실하게 알 수 있는 사실은 양측 증인들의 증언 내용이 상반되었다는 것뿐이다.

선생님(T1)이 억울할 수 있는 게 실질적인 보호자는 할머니였거든요. 재판에는 장애학생 S2의 보호자인 부모가 나왔어요. 우리는 실질적인 보호자인 할머니를 증인으로 요청했는데, 재판부는 부모님만 불렀어요. S2의 아버지가 고령인 할머니가 나오는 것을 부담스러워했어요. 사실 할머니는 양가감정이 있었을 것 같아요. 선생님에게 미안한 감정이 있으면서도 성폭력이 문제가 되는 상황이니,

선생님 편을 적극적으로 들 수 없는 거예요. 자식들과 관계도 있잖아요. 그래서 선생님에겐 더 억울한 상황이었죠. … **1심 변호사 L**

(장애학생 S2의) 할머니가 특수교육지원센터에 부모 교육 받으러 가서 어떤 부모님을 만난 것 같아요. 그 부모님이 자신의 자녀도 중증인데, 저를 만나고 나서 신변처리할 수 있게 되었다고 들었나 봐요. 마침 제가 이 학교로 발령 나서 오니깐 할머니께서 S2가 학교 졸업하고 복지관이라도 다닐 수 있게 신변처리 훈련을 시켜달라고 하셨어요. 그래서 저도 이미 늦은 시기이긴 했지만, S2의 신변처리 지도를 하게 된 것이고요. 그런데 할머니는 정작 수사받을 때도, 재판에도 부르지 않더군요. … **특수교사 T1**

왜 학생을 안 부르나요? 검찰 수사 과정에서나 재판부에서도 장애학생이 비록 의사소통이 어렵더라도 불러서 만나봐야죠. 물어볼 때 표정, 눈빛, 어떤 행동을 취하는지 재판부가 보고 판단했어야죠. 장애학생이 진짜 수치심을 느낀 건지, 장애학생이 진짜 선생님을 처벌하고 싶어 하는지 물어봐야죠. 왜 다른 사람들이 그걸 판단하나요. 그걸 떠나서 성추행이라고 인지했다면 특수교육실무사(PP2)나 특수교사 T2, 활동지원사는 바로 신고했어야죠. 뭐 한 건가요? 오늘날 같으면 이 사람들도 다 처벌받아야 해요. 처음 수사부터 잘못된 거예요. … **장애인 단체 대표 A2**

둘

1심 재판 끝나고 옆 반 선생님(특수교사 T2)에게, 몇 번 전화하니깐 안 받더라고요. 2심 할 때인가, 옆 반 선생님에게 이제라도 사실대로 증언해 줄 수 없겠냐고 다시 전화했어요. 시간이 지났으니깐. 그런데 하는 말이 "선생님 나는 무서워서 못 해요. 선생님 같은 사람도 이렇게 됐는데, 저는 못 해요. 저는 못 합니다"라고 하더군요. 제가 "나는 지금 숨은 붙어 있지만, 죽어 있는 상황이다"라고 말했더니, "우리 가족 모두가 고통 중에 있으니 전화하지 말라"고 해서 알았다고 했어요. … **특수교사 T1**

저희 반 특수교육실무사(PP1)는 1심에서 제가 손을 뻗었지만, 만지지는 않았다고 진술했는데, 저에게 우호적이라고 해서 받아들여지지 않았어요. 다른 증인들이 그 자리에 저희 반 특수교육실무사(PP1)가 없었다고 주장하고, 저희 반 특수교육실무사(PP1)는 옆 반 교사(특수교사 T2)나 옆 반 특수교육실무사(PP2)가 그 자리에 없었다고 주장했는데, 저희 반 특수교육실무사(PP1)의 주장은 받아들여지지 않았어요. … **특수교사 T1**

특수교육적 맥락이 배제된 판결

특수교사 T1은 장애학생 S2에 대한 신변처리 지도 과정에서 벌어진 일인데, 재판 과정에서 특수교육이라는 상황을 고려하기보다는 성폭력 전문가를 불러서 의견조회 한 것이 아쉽다고 말하였다. 특수교사 T1은 성범죄자 알림 사이트에 10년 동안 얼굴을 공개하기 위해 매년 관할 경찰서에 성범죄자 신고를 해야 했고, 그 때문에 겉으론 멀쩡해 보이지만 심정적으로 정상적이지 못한 삶을 살고 있다고 했다. 이에 대해 장애인 단체 대표 A2는 특수교사가 장애학생을 지도하는 과정에서 생긴 직무상 실수에 비하여 처벌이 과해서 인권침해로 볼 수 있다고 의견을 밝혔다.

1심에서 무죄 판결을 받았지만, 판사님이 특수교육 쪽 전문가를 부른 게 아니고 성폭력 상담소 소장님을 부른 거예요. 저는 제 사건이 교육활동을 하다가 일어난 것이기 때문에 특수교육 쪽 전문가를 증인으로 부르고 싶었어요. 그래서 전前 특수교육학회 회장님 찾아뵙고 상황을 말씀드렸더니, 증인으로 나오시겠다고 했어요. 제가 이십몇 년 만에 교수님을 찾아뵀어요. 교수님께서 증인으로 나오려고 준비하셨는데, 2심 재판부에서 증인 신청을 거부했어요. 2심에서는 장애학생 S2 엄마만 증인신문 한 번하고 다른 증

인 신청은 거부했어요. 그래서 교수님이 못 나오셨어요. 지금 생각하면 많이 아쉬워요. 그때는 너무 지친 상태라 변호사님에게 다 맡기고 싶었어요. 제 인생에 중요한 문제니까 체면 가리지 말고 증인 신청을 더 요구했어야 했는데, 점잖게 앉아서 기다리기만 했네요. … **특수교사 T1**

성범죄는 10년 동안 1년에 한 번씩 경찰서 가서 신고하고, 사진을 찍게 되어 있어요. 무슨 사건인가 싶어 자료를 보더니 담당 경찰관이 더 화를 내더군요. 그 뒤부터 대우가 달랐어요. 제가 사회적으로 겉은 멀쩡하지만, 심정적으로 정상적인 삶을 못 살았어요. 학생 행동수정 한 것은 제가 잘못한 것이죠. 그것은 제가 잘못을 뉘우치고 있고요. 하지만 제가 성범죄를 저지른 게 아니고, 업무를 보다가 일어난 일인데, 아무도 저를 보호해 주는 사람이 없었어요. CCTV도 없고, (장애학생) S2라도 말해주면 좋을 텐데, 의사소통에 어려움이 있었고요. … **특수교사 T1**

처벌이 너무 과하죠. 직무상 실수를 법적으로 처벌하고 신상도 공개하는 것은 이중 처벌일 수 있고, 그것 자체가 인권침해죠. … **장애인 단체 대표 A2**

특수교육적 맥락이 배제된 징계

특수교사 T1에 따르면, 교육청 징계나 행정심판 과정에서 교육청의 징계위원이나 교육부의 교원소청심사위원들이 특수교육 맥락에서 일어난 일인 것을 고려하지 않고, 형사소송의 판결만을 가지고 징계했다고 한다. 장애인 단체 대표 A2는 특수교사가 징계 대상일 때는 특수교육적 맥락을 설명해 줄 수 있는 현직 특수교사나 특수교육학회 등에서 참고인이나 징계위원으로 의무적으로 참석하도록 하는 것이 필요하다고 진술했다. 교육청의 징계 과정이나 행정심판 청구 과정에서도 특수교육의 상황적 맥락에 대하여 설명해 줄 수 있는 징계위원이나 교원소청심사위원이 없는 것은 개선이 필요하다.

교육부 소청 심사에 들어갔는데 심사위원 7명 중 특수교육 쪽 사람은 없었어요. 그때 같이 들어간 장학사님이 하시는 말씀이 '이 선생님 억울하다'라고, '특수교육실무사가 개인감정을 가지고 한 것을 가지고 어떻게 교사가 그렇게 쉽게 교직을 박탈당할 수가 있냐'고 장학사님이 흥분해서 말했어요. … **특수교사 T1**

특수교사가 징계 대상일 때 특수교사나 특수교육학회 교수가 징계위원이나 참고인으로 의무적으로 출석해서 특수교육 상황을 설

명하는 것이 필요하죠. 그래야 어떠한 교육적 상황에서 일어난 일인지 알 수 있겠죠. … **장애인 단체 대표 A2**

셋,

개인의
일탈일까,
구조적
문제일까?

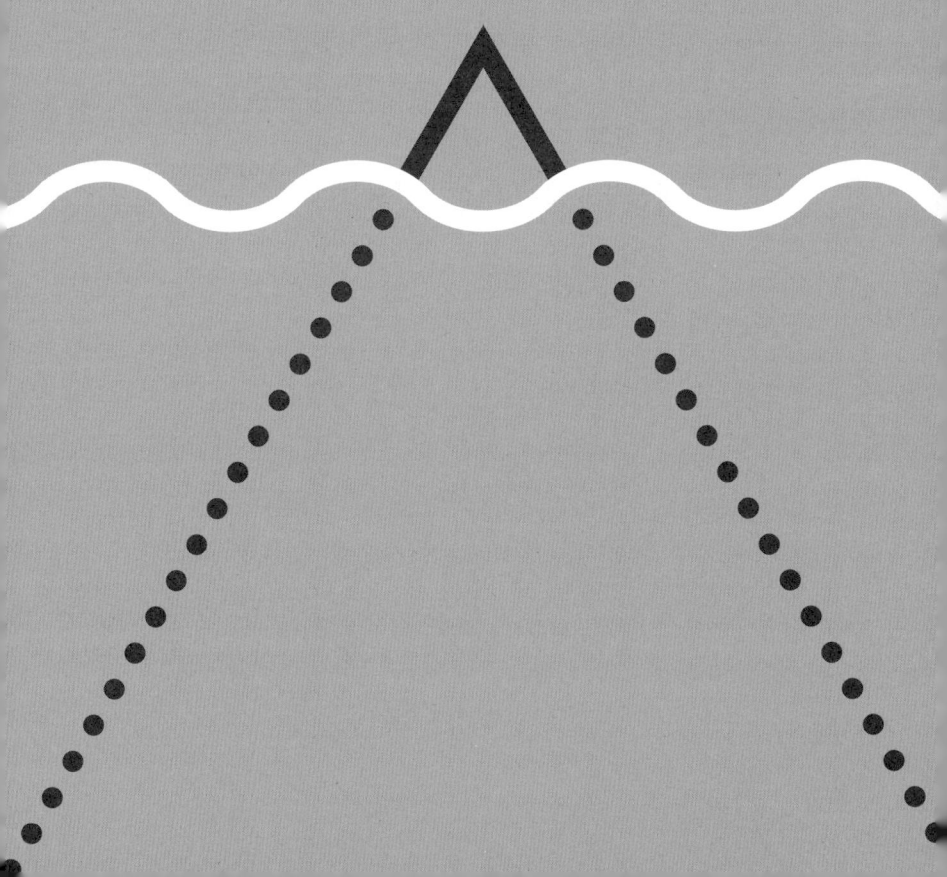

특수교사와 특수교육실무사가 부족한 상황인데도
중도중복장애학생을 특수학교에 많이 배치하면서
특수교사와 특수교육실무사 간에 첨예한 갈등이
생기지만, 정작 문제를 해결해야 할 교육청은
책임지지 않는 문제가 발생한다

앞선 1차 심층면담을 통해 특수교육에서의 인권침해 논란은 특수교육 현장의 맥락적 특성이 고려되지 못했을 때 발생한다는 것을 확인할 수 있었다. 이에 특수교사에 의한 장애학생 인권침해 사례에서 나타나는 구체적인 맥락적 특성과 인권침해 예방 방안을 알아보기 위해 두 번째 심층면담을 진행하였다.

    심층면담 대상자는 장애학생 인권침해 사례에 대한 지원 경험이 있는 전문가에게 본 주제와 관련된 경험이나 근무 경력이 많고, 자신의 의견을 분명하게 전달할 수 있는 분을 추천받아 선정했다. 이러한 과정을 통해 국·공립 병설 유치원 특수교사 1명(T4), 초등학교 특수학급 특수교사 1명(T5), 고등학교 특수학급 특수교사 2명(T6, T7), 특수학교 고등부 특수교사 2명(T8, T9) 등 총 6명이 심층면담에 참여하였다. 참여자의 익명성을 보장하기 위해 지역명, 성별 등은 제외하였고 구체적인 이름이 드러나지 않도록 처리하였다.

셋

2차 심층면담 참여자 일반 정보

참여자	소속기관	직위	경력
T4	병설 유치원 특수학급	특수교사	20년 이상
T5	초등학교 특수학급	특수교사	30년 이상
T6	고등학교 특수학급	특수교사	15년 이상
T7	고등학교 특수학급	특수교사	25년 이상
T8	특수학교 고등부	특수교사	25년 이상
T9	특수학교 고등부	특수교사	20년 이상

장애학생 인권침해의 맥락적 특성

1. 특수교사의 교육활동

행동수정 방법 사용

특수교사 T4는 많은 경력을 가진 교사들이 현재도 행동수정을 사용하고 있다고 진술하였다. 대학에서 배운 행동수정 방법을 장애학생 행동지도에 활용하고 있다는 것이다. 특수교사 T4는 친한 특수교사에게 실제 감정을 섞어서 벌을 사용하는지 물어보았는데, 그 특수교사는 자기감정을 섞지 않고 행동수정을 활용해서 지도하는 것이라고 말했다고 한다. 특수교사 T9도 학교에서 특수교사들이 행동수정을 사용하는 경우가 있다고 말했다. 특수교사 T9에 따르면, 특수교사들이 교육청의 긍정적 행동지원 연수를 받아서 학생지도 방법을 바

셋

꾸고 있지만 여전히 과거에 배운 방식으로 학생들을 지도하고 있는 교사들이 일부 있으며, 이러한 행동수정을 통한 행동지도 방식이 지금은 인권침해로 여겨지기 때문에 현장에서 어려움이 있다고 한다.

80년대나 90년대에 대학을 나온 특수교사들은 여전히 행동수정 방법을 사용하고 있어요. 자신들이 대학에서 배운 것이 행동수정 방식이니 장애학생들 지도하는 데 사용을 하죠. 장애학생에게 체벌하는 교사를 몇 년 전에 본 적이 있어요. 제가 친한 교사여서 따로 불러서 물어봤죠. 이렇게 하면 사람들이 오해할 수 있다고 말했어요. 그랬더니 그 교사는 실제 감정을 섞어서 벌을 사용한 것이 아니라 자신은 행동수정을 한 것이라고 말했어요. 그런데 이러한 상황을 국가인권위원회에서 알았다면, 다 인권침해로 걸리거든요. 하지만 그 교사는 자신이 학생을 행동수정으로 지도했다고 생각하는 거예요. … **특수교사 T4**

교육청에서 장애학생 행동문제에 대한 지도 방법으로 긍정적 행동지원 연수를 2014년부터 시작했어요. 지금도 연수를 다 하고 있고, 실제로 효과도 있어요. 긍정적 행동지원은 팀을 이루어 행하기 때문에 공동으로 책임을 진다는 점에서 부담이 덜하죠. 그런데 긍

정적 행동지원을 항상 사용할 수가 없어요. 그래서 과거에 행동수정을 배운 교사들은 아직도 학교에서 행동수정 방법으로 학생들에게 지도하죠. 행동수정 방식 중에는 체벌이 있는데, 이것이 오늘날 인권침해로 보여 문제이죠. 어떻게 행동지도 해야 할지 난감해요. 특수교사로서 할 수 있는 게 없어요. 문제가 안 되려면 그냥 둘 수밖에 없어요. … **특수교사 T9**

행동문제 중재의 어려움

특수교사 T9는 장애학생의 행동문제가 있을 때 행동수정을 사용하면 인권침해가 될 수 있어서 지도에 어려움이 있다고 진술하였다. 장애학생이 공격행동을 할 때 교탁을 때려서 큰 소리로 환기하는 방법, 물을 뿌려서 진정시키는 방법, 심리안정실에 혼자 두는 방법도 장애학생에 대한 인권침해로 보일 수 있어서 고민스럽다고 했다. 특수교사 T4는 학교에서 벌어진 인권침해 사건으로 특수교사가 재판받는 것을 보면서 자신들은 장애학생에게 좋은 습관을 키워주기 위해 행동지도를 하는 것임에도 이런 식으로 법원이 판단을 내리면 학생 지도를 하는 데 어려움이 있을 수밖에 없다고 호소하였다.

셋

특수학교에서는 장애학생이 물건을 던지면 환기하려고 교사가 학생이 다치지 않게 물을 뿌리는 경우가 있어요. 근데 이것도 인권침해로 보여지는 건 아닌지 걱정이 되죠. 정말 할 수 있는 게 없어요. 겨울에 복도에는 난방이 안 되는데 학생이 교실에 안 들어오겠다고 하면, 계속 들어오게 시도하다가 다칠 수 있어서 아예 책상과 의자를 복도에 두게 되거든요. 그런 것도 방치가 될 수 있잖아요. 엘리베이터에 타서 내리지 않는 경우도 있어요. 강제로 끌고 오면 인권침해가 되고, 엘리베이터에 두면 방치가 되어 교육권 침해, 아동학대가 되는 거잖아요. 정말 특수학교 선생님들은 어떻게 해야 할지 힘들어해요. 심리안정실도 있지만 심리안정실도 방치하는 거로 보면 문제가 되잖아요. … **특수교사 T9**

특수학교에서 장애학생 인권침해 사건이 나고, 특수교사들이 재판받고 실제 해임되는 교사도 보잖아요. 장애학생 행동지도가 학생에게 좋은 습관을 잡아줘서 학교 졸업하고 나서도 사회생활 할 때 도움 되게 하는 것이거든요. 그게 학생에게도 좋고, 학부모에게도 좋잖아요. 학교 다닐 때 좋은 습관을 키워줘야 학부모도 편하시거든요. 그런데 이런 사건들 보면 무서워서 아무것도 못 하죠. 특수교사로서 할 수 있는 게 없어요. 실제로 다른 특수학교에서 일어난 인권침해 사건을 보면 위축되고 무섭죠. 제 일이 될 수도 있잖아요.

제가 계속 이 일을 할 수 있을까에 대해서 공포감도 느껴져요. … **특수교사 T4**

신변처리 지도·지원 문제

특수교사 T8에 따르면, 특수교육실무사는 여성이 많으나 장애학생은 남학생이 많아서 여성 특수교육실무사가 남학생의 신변처리를 지원할 수밖에 없는 상황에 놓여있다고 한다. 이로 인해 자연스럽게 남학생이 성추행당하는 것으로 보일 수 있다고 진술하였다. 특수교사 T9는 신변처리를 스스로 할 수 없어 기저귀를 차는 중·고등 학생들을 매번 화장실에 가서 상태를 확인하기가 쉽지 않다고 말했다. 그러다 보면 교실에서 기저귀가 젖었는지를 확인할 수밖에 없는데, 교실에서 기저귀를 확인하면 인권침해로 보일까 봐서 두렵다고 했다. 특수교사 T6은 손발을 사용하기 어려운 중도중복장애학생의 신변처리 지원은 혼자 하기 어려워, 특수교육실무사와 특수교사가 둘이 함께 지원하게 되는데, 그 과정에서 다른 학생들의 개별화교육이나 안전을 신경 쓰기 어려운 상황이라고 말하였다. 특수교사 T4는 중학교, 고등학교, 전공과 남학생에 대한 신변처리 지원 과정에서 여성 특수교사들이 육체적으로도 힘들지만, 정신적으로 힘들어서 정신과 치료를 받는 경우들이 있다고 진술하였다.

특수학교에는 특수교육실무사가 여자분들이 많아요. 장애학생들은 대부분 남학생이 많고요. 여자 특수교육실무사 선생님이 남학생의 신변처리를 지원할 수밖에 없는 상황이에요. 이러다 보면 역으로 남학생들이 성추행당하는 것으로 보여질 수 있죠. 이러한 문제를 근본적으로 해결하기 위해서는 특수교육실무사의 성비를 맞춰야 하는데, 그게 현실적으로 가능할까요? … **특수교사 T8**

장애학생 중에 신변처리가 안 돼서 기저귀를 차고 있는 중등 학생들이 한 반에 2~3명씩 있어요. 매번 화장실 가서 기저귀 상태를 확인하는 것이 쉽지 않아요. 개별화교육도 해야 하는데 매번 화장실 가기 어려워요. 그러다 보면 교실에서 기저귀가 젖었는지 상태를 확인할 수밖에 없게 돼요. 여건상 그렇게 하는 것인데, 교실에서 기저귀를 만졌을 때, 인권침해로 보일까 봐 두렵죠. … **특수교사 T9**

우리 반에 혼자서는 움직이기가 어려운 중도중복장애학생이 있어요. 이 학생에게 신변처리를 지원하려면 들어서 침대로 옮겨야 해요. 고등학생이기 때문에 가볍다고 해도 혼자서 들 수가 없어요.

특수교육실무사 선생님과 둘이 해야 해요. 저랑 특수교육실무사 선생님 둘이 신변처리를 지원하는 과정에서 다른 학생들의 개별화교육이나 안전을 신경 쓸 수가 없어요. 늘 불안하죠. 육체적으로도 힘들고요. 특수교육실무사 선생님은 힘드셨는지 병가 쓰고 안 나오시는 경우도 있어요. 특수학급에서는 특수교사 혼자서 감당해야 하는 상황이에요. 이런 상황에서 다른 학생들에게 사고라도 생길까 봐 늘 불안하죠. … **특수교사 T6**

여자 선생님들이 많이 힘들어해요. 사회적 분위기가 특수교사가 장애학생 인권을 침해한다는 분위기라 말은 못 하지만요. 사실 역으로 여자 선생님들도 괴로워해요. 다 큰 남학생들 기저귀 갈아주고 설사라도 하면 씻겨줘야 하고, 소변 실수하면 씻겨서 옷 갈아입혀 줘야 하는데요. 만약에 씻기지 않고 그냥 보내기라도 해봐요. 인권침해했다고 할 수 있잖아요. 이런 상황 때문에 정신적으로 무척 힘들어해요. 유치원은 그나마 아이들이 작고 어려서 괜찮지만, 중학생, 고등학생, 전공과 학생들을 담당하는 여자 선생님들은 정말 힘들어해요. 신변처리 지원하는 게 육체적으로도 힘들지만, 정신적으로도 힘들어요. 주변에 계신 특수교사 중에 정신과 치료받는 사람들이 많아요. 또 일반학교에서 장애학생이 대변 실수해서 일반교사가 신변처리 지원을 해주면 학부모들은 고마워해요. 그런데 특수교사가 그렇게 하는 것에 대해서는 아무 말도 없어요. 당

셋

연히 해야 하는 것으로 알고 있죠. … **특수교사 T4**

2. 학교 현장의 문제

장애학생 배치 문제

특수교사 T6에 따르면, 학부모들은 장애학생 배치를 신청하기 전에 학교 상황을 소문이나 상담을 통해 알아본 뒤에 원하는 학교에 배치 신청을 하고, 교육청에서는 학부모의 의견을 중심으로 학생을 배치하다 보니 선호 학교로 쏠림 현상이 발생하고 있다. 또한 학교 여건상 특수학급을 신설하기 어려운 경우에는 특수교사 1명이 과밀학급을 지도해야 하는 상황이 벌어지기도 한다.

인근 학교는 한 학급에 1~2명의 장애학생이 있지만, 또 다른 학교의 학급에는 장애학생이 7~8명 있어요. 특수학급을 늘릴 수 없는 상황이라면, 특수교사가 그냥 감내하고 가는 거예요. 과밀학급 상황이라 특수교사의 개별화교육이 제대로 될 수 없는 상황이에요. 교육청이 왜 이렇게 배치하는지 보면 예전에는 기준을 놓고 조정을 했지만, 지금은 배치하는 데 있어서 1순위가 학부모의 요구를 넣는 것 같아요. 고등학교 입시 즈음해서 학교 선정 배치 서류를 제출할 때 학부모들의 전화가 와요. 학부모들은 학교 이름에 대한 선호도가 있어요. 그 학교가 문제가 있는 학교라고 소문이 났다면 보내기 싫어해요. 미리 알아보고 전화하세요. 고입 시기가 되면 전화가 많아요. 학부모님이 "교육과정이 어떻게 돼요?"라고 물어보면 인근 학교 다 비슷하다고 해요. 크게 편차가 없거든요. … **특수교사 T6**

중도중복장애학생 지원 부족
① 지원 부족으로 인한 일상생활지도의 어려움

특수교사 T8은 장애학생의 인권을 중요시하는 시대적인 환경에서 신변처리 지도나 행동지도 과정에 문제가 발생했을 때 특수교사가 인권을 침해하는 가해자가 될 수 있다고 진술하였다. 특수교사 T8은 장애학생의 행동문제에 개입하는 방법은 그저 피해있는 방법밖에 없어서 현실적으로 학생을 지도한다는 것이 방임할 수밖에 없는 상황이라고 했다. 왜냐하면 적극적으로 개입하면 문제가 발생할 수 있기 때문이다. 특수교사 T3은 일상적인 신변처리 과정이나 행동지도 과정을

셋

인권침해로 오해받을 수 있으므로 CCTV 설치가 필요하다고 느끼는 특수교사들도 있다고 진술하였다. 특수교사 T4, T6은 중도중복장애학생들이 많은데, 지원 대책이 부족해서 특수교사가 혼자서 개별화교육과 일상생활지도를 하는 데 있어서 어려움이 크다고 말하였다. 특수교사 T9는 사회복무요원의 경우 병무청의 혐오 업무 배제 지침에 따라 장애학생 신변처리 지원은 하지 않고 있다고 말했다. 이러한 상황에서 특수교육실무사가 없는 경우 특수교사 혼자서 신변처리도 해야 하고, 다른 학생들의 일상생활지도나 수업도 해야 하는 상황인 것을 확인할 수 있다. 또한 특수교사 T4는 중등 특수교사들의 경우 장애학생에게 심하게 맞는 경우가 많아 죽음의 공포를 겪기도 하지만, 그에 대한 적절한 대책이 없다 보니 무기력을 느끼고 있다고 진술하고 있다.

예전엔 너무 힘들 때 막대기로 교탁을 툭 쳤어요. 일단 급한 불 끄는 거죠. 요즘은 그렇게 하면 큰일 나요. 지금은 그런 것조차 못 하는 것을 애들이 다 알아서 자기 하고 싶은 대로 하는 거예요. 그러니깐 더 폭력적인 상황이 많이 발생하죠. … **특수교사 T8**

위축되니깐 방어적이에요. '손을 놓는다'와 같은 얘기일 수도 있지

만요. 일일이 누구누구는 무엇을 담당하고 이렇게 정하는 게 아니라 급하면 서로 도와주고요. 그런데 일이 있으면 책임 소재가 발생하게 되니 담당자를 다 정하는데, 좋게 보면 체계화이지만 나쁘게 보면 책임 분담, 책임 회피인 그런 게 있죠. 그리고 다른 학교에서도 다른 반은 거의 관여를 하지 않는다고 보면 돼요. 그전에는 서로 도와주고 했죠. 하지만 지금은 잘못하면 공동 폭행이 되기 때문에 상당히 많이 달라졌죠. 저부터도 조심스럽죠. … **특수교사 T8**

어떤 특수학교는 학교에 사회복무요원이 배치되긴 하지만, 특수교육실무사가 전체 학급 수의 절반도 배치되어 있지 않아요. 그런 경우 사회복무요원은 병무청과 교육청에서 혐오업무 배제하라고 공문이 내려와서 특수교사가 혼자서 신변처리 지도도 해야 해요. 게다가 중증 장애학생이 일반학교 특수학급보다 특수학교에 더 많은데 특수교사 혼자서 신변처리 지도를 해야 해요. 여자 선생님들 같은 경우는 중등 남학생들의 신변처리하는 과정을 정말 힘들어해요. 다 큰 성인의 몸을 가진 학생들의 기저귀를 갈아주거나 씻기는 것이 육체적으로도 힘들지만, 정신적으로도 힘들어요. … **특수교사 T9**

한 장애학생을 데리고 수업해야 하면 다른 학생과는 개별화 교육을 하기 어려워지는 상황이 생기죠. 스티커로 글자 맞추는 것을 하

셋

는 데도 오래 걸려요. 다른 학생들은 이 상황을 보고 있어야 되는 거예요. 똑같이 개별적으로 교육을 한다고 해도 오히려 잘하는 학생은 소외될 수가 있어요. 그런 학생은 일반학급에서 정규 교육과정을 따라가는 게 맞아요. 체험학습도 못 가잖아요. 장애가 있어서 못 가기도 하고, 학부모가 안 간다고 하면 못 가게 되죠. 왜냐면 이 학생이 가게 되면 특수교사가 가든 특수교육실무사가 가든 보조해 줄 사람이 한 명 가야 해요. 하지만 특수교사든 특수교육실무사든 하루 종일 돌보지는 못 해요. 사회복무요원에게 업무를 전가할 수도 없고, 특수교육실무사가 못 한다고 하면 해줄 수 없어요. 그럼 그 학생은 못 가는 거예요. 특수학급만 따로 어디 갈 수 있는 데 가거나 그런 식으로 진행해야 해요. … **특수교사 T6**

고등학생이고 행동문제가 심각한 학생이 있어요. 화만 나면 그 반에서 가장 힘이 약한 학생을 공격해요. 주먹으로 때리고 발로 차고 뭐 난리도 아니죠. 근데 그 학생이 반에서 가장 작은 애를 때리려고 하니 선생님이 막았어요. 결국 특수교사가 장애 학생에게 뺨을 맞아 교사의 안경이 날아갔어요. 사회복무요원과 남자 선생님이 양쪽 팔을 붙잡고 막았어요. 그 상황에서 만약 특수교사가 장애 학생을 막지 않았다면, 다른 학생은 죽도록 맞는 거예요. 행동문제가 심한 학생들은 교사 하나로 되지 않아요. 그런 경우가 많아요. 특수학교에서는 비일비재하죠. 그래서 특수학교에서는 기간제 교사

를 뽑을 때 남자를 뽑으려고 하죠. 임용시험 통과 비율은 여학생들이 높지만, 여교사들이 이 학생들의 힘을 감당하지 못해요. 그리고 가해 학생의 어머니가 자기 자녀의 신체를 제지했다고 오히려 문제 삼았어요. 가해 학생의 어머니가 사과하시겠다고 해놓고, 나중엔 입장이 바뀌었어요. 피해자 엄마는 가만히 있는데, 가해자 엄마가 인권침해했다고 주장을 하기 시작하면서, 결국 사과 자체를 무효화시켰지요. 장애학생이라 의도적인 게 아니라고 그렇게 결론이 났어요. … **특수교사 T4**

중등 특수교사들은 학생한테 심하게 맞아요. 실제로 고등학교 특수학급 교사 중에는 몸에 멍이 든 교사들이 많아요. '내가 학생한테 맞아서 죽을 수도 있겠구나'라고 생각하기도 해요. 저는 그 말에 공감이 돼요. 제가 본 것도 많고요. 그 공포감을 겪어내지 못한 사람은 알 수가 없어요. 그리고 특수학교 교사들은 어떤 무서움이 있냐면요. 장애를 가지고 있는 아이는 사람을 죽일 듯이 패도 결국 문제가 되지 않고, 교사의 모든 행동은 인권침해로 결정이 난 것을 경험적으로 알고 있어요. 못하게 제지하는 것도 인신구속이라고 하니 그냥 맞는 것 말고는 방법이 없잖아요. 그런 무력감이 있어요. 공포스럽죠. 특수교사들은 그런 과정에 항상 노출돼 있는 거예요. 그 과정에서 아무도 도와주지 않으니 그 모든 책임은 특수교사가 지게 되죠. 특수교육실무사들은 책임이 없으니 그 상황에서 비

껴있어요. 결국 감당할 사람은 교사밖에 없어요. … **특수교사 T4**

② 지원 부족으로 인한 현장체험학습의 어려움

특수교사 T6에 따르면, 현장체험학습이나 현장실습을 외부로 나갔을 때, 혼자 몸을 움직이지 못하는 학생의 경우 두 사람이 붙어서 신변처리 지도를 해야 한다. 그러다 보니 신변처리 지도하는 과정에서 다른 학생들은 방치되는 문제가 발생할 수 있다. 중도중복장애학생에 대한 지원대책 부족으로 현장체험학습을 진행하는 데는 많은 어려움이 따른다.

현장체험을 장애학생들이 다니는 고등교육기관으로 다녀왔어요. 거기서는 신변처리 할 수 있을 것이라고 생각했는데, 발달장애 중심 시설이라 지체장애 학생들이 신변처리 할 수 있는 곳이 없어서 물어물어 장소를 찾아서 기저귀를 갈았어요. 제가 혼자서 할 수 있는 상황도 아니고, 특수교육실무사와 같이 해야 하는데, 그러면 나머지 학생들은 어떻게 해요. 다른 학생을 봐줄 수 없는 상황이면, 학생 혼자 돌아다니는 상황이 발생하게 되죠. 현장실습도 마찬가지고요. 돌출행동이 나타나면 문제가 발생할 수가 있어요. 특수교육실무사는 그렇게 얘기해요. "이런 상황에서 못하겠다고". 그러면 특수교사가 강요할 수 있는 게 없어요. 특수교육실무사가 못하겠다고 하면 특수교사 혼자서 낑낑대면서 할 수밖에 없는 상황이에요. … **특수교사 T6**

---

3. 개별화교육지원팀 구성원 간의 갈등과 반목

특수교사와 학부모의 갈등

① 신뢰 관계 문제

특수교사 T8은 특수교사와 학부모 간의 신뢰가 없는 경우 갈등을 빚게 된다고 했다. 특수교사와 학부모 사이에 신뢰가 없는 가운데 이루어진 장애학생에 대한 지도가 학부모로부터 이해를 받지 못하게 되면서, 학교에서 이루어진 교육활동이 반인권적으로 보이게 되었다고 진술했다. 또한 특수교사 T5에 따르면, 중도중복장애학생의 보조기구 의자 지원까지 개별화교육지원팀에서 학부모와 협의해서 결정하였으나, 실제 보조기구 의자에 앉아 있는 자녀의 모습을 보고 장애학생의 학부모가 주관적으로 묘사하여 교육청에 알렸고, 이것이 언론에 보도되었다. 그런데 언론에 특수교사가 장애학생의 인권을 침해한 것처럼 보도되면서, 해당 교사가 아동학대로 처벌을 받아 교사직을 그만두는 일까지 생겼다고 한다. 또한 특수교사 T4에 따르면, 가정에서 학생의 기저귀를 갈아주지 않은 채 학교에 계속 보내서 특수교사가 교육적 판단으로 학부모에게 기저귀를 갈아달라고 요청하였으나 오히려 학부모가 화를 내며 교장실에 찾아가 문제를 제기해, 결국 특수교사가 사과하게 되었다고 한다. 교과 수업과 일상생활을 지도하는 과정에서 특수교사와 학부모 간 갈등은 빈번히 발생하고 있다.

교육활동을 하다 보면 아이들의 행동을 제지하게 되는 경우가 있는데, 학부모들이 봤을 때는 애들한테 막 대하는 것처럼 보였던 거죠. 그 선생님은 학부모와 교사 사이에 신뢰가 없었던 거예요. 거기로부터 문제가 촉발되니까 모든 교육활동이 반인권적인 게 돼 버렸어요. … **특수교사 T8**

개별화교육지원팀 회의 때 어머니가 직접 오셔서 장애학생 보조기구 의자를 어떤 것으로 지원할 것인지 함께 결정했어요. 사진으로도 보고요. 그런데 통합수업할 때 보조기구 의자에 앉아 있는 아이 모습을 보고 학부모가 아동학대로 신고했어요. 아이가 앞으로

몸이 쏠려 다칠 수 있으니깐 가슴까지 안전벨트를 채운 것인데, 언론에는 가슴까지 묶어놓았다고 한 거예요. 그것이 언론에 보도되고, 학부모가 특수교사를 경찰서에 아동학대로 신고까지 해서 문제가 되었죠. 특수교사는 집행유예를 선고받고, 지금은 교직을 그만두었어요. 충격도 심했고, 이젠 무섭겠죠. … **특수교사 T5**

대소변 못 가리고 잘 걷지도 못하는 학생이 있었는데, 학부모가 항상 대변을 안 닦이고 학교를 보냈어요. 집에서 너무 관리를 안 하는 친구였죠. 혼자 애를 써도 안돼서 특수교사가 교육적인 판단을 한 거죠. 2학기에 학부모님께 "학생이 기저귀에 대변을 싸면 닦아주셨으면 좋겠다"고 말했어요. 그런데 학부모가 교장실에 찾아갔어요. 그동안에 이 선생님에 대한 불만도 있었을 거예요. 하지만 교사가 원했던 것은 단지 학부모가 해야 할 최소한의 역할을 주문했던 거예요. 기저귀에 대변을 싸면 닦여서 보내는 것은 당연한 거죠. 그런데 그 학부모는 선생님의 요청을 굉장히 서운하게 받아들였던 거죠. 교장실에 찾아가서 내가 이런 애 낳은 게 문제라고 우셨다는 거예요. 교장 선생님이 특수교사를 불러서 뭐라고 했죠. 더 이상 문제 제기하지 않고 알아서 하도록 했죠. 장애가 있는 아이를 정말 잘 키우기 위해서 노력하는 학부모도 계시고, 그렇지 않은 학부모도 계셔요. 어떻게 이야기해야 하는지 고민이 돼요. 어떻게 하면 상처가 되지 않으면서 교사가 의도한 것을 잘 전달할지 고민하

는데, 그것을 잘 공감하고 함께 해보려는 학부모도 계시지만, 그것을 마치 자기를 공격하는 것으로 받아들이는 분들도 계셔요. 그래서 조율이 어려워요. 저도 경력이 많지만, 여전히 어려워요. 학부모들과 관계를 잘 맺고 싶고, 학부모도 아이도 도와주고 싶어요. 제가 많은 것은 돕지 못하지만, 학부모나 아이 삶의 질적 수준을 높여줄 수 있다는 생각이 들어서 그러한 과정에 기여하고 싶어요. 그것은 교사로서의 사명감이기도 하지만, 동시대에 아이를 키우고 있는 부모로서도 그런 마음이 생기죠. 이런 마음을 갖고 있는 특수교사들이 많이 있어요. 특히, 아이를 키워본 특수교사들은 알죠. 또 동료 교사 중에 장애를 가지고 있는 아이를 키우는 교사들도 있어요. 어떤 점이 어려운지 잘 알기 때문에 도와주고 싶죠. …
특수교사 T4

---

② 인식 차이로 인한 행동지도의 어려움

특수교사 T5는 장애학생의 심각한 행동문제에 대한 학부모와의 인식 차이로 개별화교육지원팀을 통해 행동지도에 관해 논의조차 할 수 없는 때도 있다고 진술하였다. 또한 심각한 행동문제를 보이는 학생을 제지하는 과정에서 특수교사가 폭력을 당하기도 하고, 오해받는 일이 발생하고 있다고 했다.

특수교사 T9도 장애학생의 행동문제에 대해서 학부모와 인식의 차이가 있어서 지도 방식에 대한 논의가 어렵다고 했다. 행동문제가 심각한 학생이 늘어나고 있는 상황에서 학부모와 특수교사의 인식 차이로 인해 적절한 행동지도 방법에 대해 협의하기 어려운 상황이 자주 발생하고 있다.

심각한 행동문제가 있는 아이가 있었어요. 학급에서 수업하면 물건을 던지고, 부수고 때리는 학생이에요. 선생님이 이 학생을 제압하는 방법은 몸으로 누르거나 하는 방법 외에는 없지만, 제지하는 과정에서 멍이라도 생기면 문제가 되잖아요. 그래서 선생님은 장애학생의 어머니와 개별화교육지원팀 회의에서 행동문제 지도 관련하여 교육지원을 협의하자고 했어요. 그런데 학생의 어머니는 학생의 행동문제에 대해 집에선 그러지 않는데 학교에서 교사가 잘 지도하지 못해서 그런 것인 양 말하는 거예요. 논의 자체가 안 되는 상황이었어요. 결국 개별화교육지원팀에서 행동지도 논의를 하지 못 했다고 해요. … **특수교사 T5**

학교에서 행동문제가 있는 학생이 있었어요. 그런데 엄마는 집에서는 안 그런다는 거예요. 마치 학교가 문제라는 식으로 말씀하세요. 물론 학교라는 공간과 집은 다르겠죠. 그런데 이 친구는 약물

셋

을 복용하는 학생이었어요. 집에서는 행동문제가 있으니 약을 먹여요. 하지만 학교에서는 약을 먹지 않으니, 당연히 행동문제가 있을 수밖에 없죠. 이러한 상황인데도 어머니는 교사의 지도 방식에 의구심을 갖고 계시니 논의할 수가 없어요. … **특수교사 T9**

③ 과도한 민원 제기와 수용적 처리

특수교사 T6은 학부모가 요구 사항이 있으면 바로 학교장에게 민원을 넣거나 그래도 안 되면 교육청에 민원을 넣는 경우가 있어 까다로운 학부모의 민원을 대부분 수용하게 된다고 말하고 있다. 특수교사 T9도 학부모의 모든 민원을 수용하는 방식으로 처리해야 하는 부담이 있다고 진술했다. 학부모의 민원을 무조건 수용하다 보면 교사로서 힘든 부분이 생기게 되고, 다른 학생에게도 피해가 가는 경우가 발생하기도 한다고 했다.

민원 넣기로 유명한 학부모가 있었어요. 학교장에게 민원을 제기했는데 해결이 안 되면, 교육청에 민원을 넣어요. 그래도 해결이 안 되면 다시 교장 선생님을 찾아가요. 그래서 그 학부모의 자녀가

입학했을 때, 학부모의 요구가 특별하게 다른 아이의 학습권을 침해하거나 교사로서 권리를 침해하는 게 아니고 내가 어느 정도 할 수 있는 상황이면 다 들어줬어요. 그렇다 해도 교사로서 힘든 부분이 있었고, 그러한 요구가 다른 학생들에게 일부 피해가 되는 경우도 있었죠. … **특수교사 T6**

특수학교에서는 학부모의 민원은 무조건 다 들어주는 분위기죠. 말도 안 되는 것까지 다 들어줘야 해요. 이런 상황이 힘들죠. 학부모 중에는 불만만 생기면 교장실부터 찾아가는 분들이 계세요. … **특수교사 T9**

특수교사와 특수교육실무사와의 갈등

특수교사 T8의 학교에서는 힘든 장애학생이 있으면 90% 이상이 특수교육실무사가 전담하게 된다고 말하였다. 특수교사 T5에 따르면, 힘든 학생들은 특수교육실무사가 전담해서 온종일 돌봤는데, 학부모 상담에서는 마치 특수교사 본인이 학생을 돌본 것처럼 말해 특수교육실무사 입장에서 화나는 경우도 있다고 한다. 특수교사 T4는 특수교사와 특수교육실무사가 부족한 상황인데도 중도중복장애학생을 특수학교에 많

셋

이 배치하면서 특수교사와 특수교육실무사 간에 첨예한 갈등이 생기지만, 정작 문제를 해결해야 할 교육청은 책임지지 않는 문제가 발생한다고 진술했다.

학교에서 힘든 학생은 다 특수교육실무사에게 맡겨버려요. 지금도 거의 90% 이상 그래요. 저는 그렇게 안 해요. 제가 학생을 관리하는 것이고요. 체험학습할 때도 제가 다 해요. 저는 간섭을 안 해요. 특수교육실무사 선생님이 알아서 하시죠. 그런데 작년에 특수교육실무사 선생님이 (어느 반을) 지나가면서 "저 반은 특수교육실무사님이 담임 선생님 같아", "특수교사 선생님은 뭐 하는지 모르겠어." 그러시더라고요. 담임 선생님이 아무것도 안 하고, 하다못해 애들을 밖으로 데리고 나가면 애들 수업하는 것도 특수교육실무사 선생님이 다 하는 거예요. 그것은 선생님이 해야죠. … **특수교사 T8**

특수학교에서 문제 일으킨 특수교육실무사가 있었는데, ○○학교 특수학급으로 발령이 났어요. 거기 선생님이 착하고 순하신 분이에요. 특수교육실무사의 자녀 또래 나이였어요. 그런데 애들이 집에 가면 교실에서 잠을 자는 거예요. 뭐 하라고 하면 핸드폰 보고 있고. "선생님(특수교육실무사), 애들 화장실 데려가 주세요" 하면

들은 척도 안 한다는 거예요. 학교 관리자가 그 사실을 알게 되셔서 특수교육실무사에게 "선생님이 잘 도와주셔야죠"라고 얘기를 하기도 했죠. 그런데도 변하지 않더래요. 아이들한테 뭐를 해 달라고 부탁하면 특수교육실무사가 "위대하신 특수교사님" 이러면서 비아냥거리고 있어요. 막 나가는 선생님(특수교육실무사)은 어떻게 할 수가 없어요. 아이들한테 할 일은 해야죠. … **특수교사 T4**

특수교육실무사 선생님들과 이야기 나누면 이런 불만이 있어요. 그 학교에서 혹은 학급에서 가장 힘든 아이가 있어요. 그럼 그런 아이들은 특수교사가 신경을 안 쓴다는 거예요. 온전히 특수교육실무사 선생님에게 그 아이를 맡긴대요. 그러면 자기는 하루 종일 그 아이 뒤치다꺼리하는 거예요. 그러면서 이 아이와 생활하는 것은 정작 본인인데 학부모한테는 마치 특수교사가 데리고 있었던 것처럼 이야기하니깐 화가 난다는 거예요. 실제로도 심한 아이들은 특수교사가 담당 안 하는 경우들이 있어요. 그건 현실이에요. 특수학교에서든 특수학급에서든 그래요. 이야기를 듣다 보면 특수교육실무사들의 입장이 이해돼요. … **특수교사 T5**

특수교육실무사와의 갈등이 생기는 근본적인 문제는 아이들 돌보는 것이 너무 힘들어서 생기는 문제예요. 학부모들의 요구로 특수학교도 방과 후 3시나 4시까지 운영해야 해요. 특수교사들은 하루

셋

수업이 끝나고 나면 수업 준비도 해야 하고 업무도 해야 한다는 명목하에 아이들에게서 떨어져 있어요. 특수교육실무사 선생님들은 방과 후에도 아이들이 학교차를 타고 갈 때까지 3시 40분에서 4시 사이까지 학생들을 돌봐야 해요. 아침 9시부터 오후 3시 40분까지 애들을 하루 종일 돌보는 거예요. 그건 정말 힘든 일이에요. 중증 장애학생들을 특수학교에 배치하고는 특수교육실무사 몇 명 배치해서 학교에서 알아서 하라고 하는 것은 큰 문제예요. 교육청은 장애학생들에 대한 대책도 없이 학교에 맡기는 거예요. 그래서 두 피해자가 발생해요. 특수교사도 힘들고, 특수교육실무사도 힘들고, 그래서 두 집단이 싸우게 되는 거죠. 결국은 교육청이 문제인데, 교육청은 빠지고 특수교사와 특수교육실무사의 싸움이 되는 거죠. … **특수교사 T4**

개별화교육지원팀을 배제한 일방적 통합학급 배치

특수교사 T5는 개별화교육지원팀 협의를 거치지 않은 채 학교 관리자가 학생 재배치를 결정하는 것은 문제가 있다고 했다. 또한 특수교사 T6 역시 학부모가 원하는 대로 수시로 장애학생이 특수학급에 배치됐다가 다시 통합학급에 배치되는데, 이 절차를 개별화교육지원팀 협의를 거치지 않고 하는 경우들이 있다고 진술했다.

중등 특수학급의 한 선생님은 중증의 힘든 학생이 있으면 교장 선생님에게 가서 자기가 맡을 수 없다고 하는 거예요. 이 학교에서 이 선생님은 늘 이런 식으로 학생 교체를 요구해요. 어떠한 절차도 지키지 않고 하는 거예요. 학부모가 원하지도 않았고, 학생이 원한 것도 아니에요. 자기가 가르치기가 싫거나 어렵다는 이유로 다른 교사한테 넘기는 거예요. 이 학교의 다른 특수교사들은 이런 식의 제안을 다 받아왔어요. 그런데 새로 발령받은 선생님이 절차 없이 일방적으로 학생을 떠넘기는 것에 대해 문제를 제기했어요. 선생님이 학생을 가르칠 수 없다면 정식으로 개별화교육지원팀에서 협의하고 정식으로 행정 절차를 거쳐 교장, 교감이 내부 결재를 한 다음에 다른 반으로 배치해야 하는데, 그렇게 하지 않았다고 하더라고요. 하지만 개별화교육지원팀 협의를 반드시 거쳐야 하거든요. 교육청에서 통합교육협의회를 1년에 2회 하도록 권장하도록 하고 있어요. 개별화교육협의회는 1학기 초 1달 이내, 2학기 초 1달 이내이고요. 통합교육협의회 개최는 의무 사항은 아니지만 모든 사람이 함께 결정해서 하도록 교육청에서 권고하고 있죠. … **특수교사 T5**

셋

장애학생의 특수학급 배치는 개별화교육지원팀 협의를 거쳐서 해야 하는데, 학부모의 일방적인 요구로 결정하려고 해요. 예를 들어 학부모가 자기 아이가 특수학급에 가기 싫어한다고 일반학급에 있게 하는 거예요. 장애학생의 어머니 중에는 본인이 요구하면 개별화교육지원팀 협의를 거치지 않고도 들어줘야 한다고 생각하는 것 같아요. 그런데 학교 관리자가 그냥 넘어가요. 특수학급에서 일반학급으로 배치를 바꾸려면 개별화교육지원팀 협의를 거쳐서 교육청에 재배치 신청서를 제출해야 하거든요. … **특수교사 T6**

4. 특수교사 법정 정원의 낮은 확보율

특수교사 T6은 일반학교에서는 특수교사 혼자서 학급을 이끌어가는 경우가 많은데, 대체할 다른 교사가 없는 상태에서 한 학생에게 신경을 쏟을 경우, 다른 학생들에게까지 신경을 쓰지 못하는 어려움이 있다고 말하고 있다. 특수교사 T9에 따르면 특수학교의 경우에도 신변처리가 전혀 안 되는 학생이 학급에 2~3명씩 있고, 신변처리는 어느 정도 되지만 옆에서 지켜보면서 도와줘야 하는 학생이 2~3명인 상황이라고 한다.

이러한 문제를 해결하기 위해서 정규직 특수교사를 증원하여 특수교사 1명당 학생 수를 줄이거나 학교에 유휴 인력 교사를 배치해야 한다고 제안하고 있다.

일반학교 특수학급은 특수교사 1인이 끌어가는 곳이 많아요. 다른 대체 교사가 없고, 이 교사가 한 아이에게 신경 써야 할 경우, 다른 아이들은 신경 쓸 수가 없어요. 저는 정규직 특수교사를 더 뽑아야 하고, 특수학급당 학생 수도 줄여줘야 문제를 해결할 수 있다고 생각해요. 특수교육실무사가 근무 중에 다쳐서 병가를 쓰면 대체 지원 인력을 뽑아야 하고, 의무적으로 1주일간 공고하게 되어 있어요. 그런데 그 기간 학급에서는 특수교사 혼자서 신변처리 지원을 해야 해요. 그러면 나머지 다른 학생들은 어떻게 해요? 다른 학생들에게 피해가 가죠. 유휴 인력 특수교사도 필요해요.… **특수교사 T6**

---

5. 과중한 수업 시수 문제

특수교사 T7은 수업 시수가 많아서 구조적으로 장애학생의 행동문제가 발생할 수밖에 없는 환경이라고 말했다. 수업 시

셋

수가 많은 것은 장애학생이 학교에 적응하는 데도 어려움을 주고 있는 것으로 나타났다. 특수교사 T5는 장애학생에 따라서 컨디션의 상태가 오전이 좋은 때도 있고, 오후가 좋은 때도 있다고 진술하고 있다. 수업 시수를 준수하느라고 현실에 맞지 않는 수업 시수를 적용하는 과정에서 행동문제가 발생하는 것으로 나타났다. 특수교사 T9는 장애학생의 행동문제를 감소시키기 위해 수업 시수 운영에 있어 특수교사에게 자율권을 부여해야 한다고 말했다. 수업 시수 운영에 대한 자율성을 부여하면, 장애학생의 상태에 따라서 적절한 수업 시수 운영이 가능하고 이에 따라서 행동문제를 줄일 수 있다고 특수교사들은 생각하는 것으로 나타났다.

특수교사에게 수업 시수에 대한 자율성만 부여해 주면 지금보다 훨씬 더 관심 행동을 줄일 수 있어요. 맞지도 않은 수업 시수 지키느라 오전, 오후 교실에 앉아 있는 게 힘들어요. 아이들도 스트레스를 받고, 그래서 관심 행동이 계속 일어나는 것 같아요. 수업 시수 운영에 있어서 교사에게 권한을 준다면 학생의 관심 행동을 감소시킬 수 있다고 생각해요. … **특수교사 T7**

장애학생이 학교에 오면 컨디션 상태가 학생마다 다 달라요. 컨디

션의 상태가 오전이 좋은 경우도 있고, 오후가 좋은 경우도 있어요. 그런데 수업을 해야 하니 학생 컨디션 상태랑 상관없이 수업 시수를 맞춰야 해요. 아침부터 오후 하교 전까지 학교에 있는 게 학생들에게는 힘들어요. 수업 시수가 현실성이 없어서 행동문제도 생기는 것 같아요. … **특수교사 T5**

지금의 특수교육과정 내의 과목 체계와 그에 따른 과목별 시수 때문에, 장애학생의 행동문제가 심해지는 경우들도 있어요. 물론 50%까지 조정할 수 있도록 학교의 자율성을 부여해 주었으나, 이것조차도 현장에서는 지키기 어려운 경우들이 있죠. 의자에 앉는 것이 힘든 학생에게 어떤 과목을 교육하기 위해서 의자에 앉으라고 하면 행동문제가 나타나게 되죠. 교육과정에 정해진 과목을 시수대로 교육해야 할 의무가 교사에게는 있고, 학생은 싫다는 표현으로 행동문제를 드러내는 거죠. 의자에 앉혀야 할지 아니면, 그냥 내버려 두어야 하는지 딜레마죠. 또 학교장이나 교사 중에는 과목 교육을 하는 것만이 교육이라고 생각하는 분들도 있으세요. 그러면 어쩔 수 없이 안 되는 것을 알면서도 일단 그 과목 수업을 하게 되죠. 학생들이 무엇을 배우느냐, 이런 것은 그다음의 문제인 거죠. … **특수교사 T9**

셋

6. 교권보호위원회 실효성 문제

유명무실한 교권보호위원회

특수교사 T3에 따르면, 특수교사들은 장애학생에게 머리채를 잡히거나 손등이 꼬집히고 장애학생이 밀어서 계단에 굴러 다치더라도 교권보호위원회에 신고하지 않는다고 한다. T3은 장애학생에게 생명의 위협을 느낄 정도의 폭력을 당해 공포스럽다고도 했다. 특수교사 T4는 교권보호위원회에 신고한다고 해서 상황이 달라질 게 없어서 특수교사들은 다쳐도 개인 비용으로 처리하고 참고 넘어간다고 했다. 또 특수교사가 공격행동이 심한 발달장애학생에게 맞아서 상처를 입어도, 장애학생은 의도성이 없기에 학교안전공제회로부터 보상을 받지 못하고 있다고 진술하였다. 이에 특수교사 T9는 장애학생의 의도성과 상관없이 특수교사에 대한 치료비 지원이 필요하다고 말하였다. 특수교사 T3는 교권보호위원회를 열어서 장애학생에게 내릴 수 있는 징계 처분이라는 것이 장애학생의 개인 사정을 잘 알고 있는 상황에선 현실적이지 않다고 말하고 있다. 특수교사 T4도 교권보호위원회 업무를 교사가 하게 되어 실제 학교에서는 업무 과중 문제가 발생하며, 이러한 부담으로 인해 교권보호위원회로 실제 사건이 넘어가는 경우가 드물다고 진술하고 있다. 특수교사는 인권침해를 당해도 교권보호위원회의 현실적인 어려움 때문에 제대로 된 도움을 받지 못하고 있으며, 직접적인 피해에 대한 지원 대책도 부실한 실정이다.

장애학생 때문에 다쳤는데도 장애학생의 의도성이 없다는 이유로 산재처리를 해주지 않아요. 특수교사들의 심리치료요? 그건 생각도 할 수 없겠죠. … **특수교사 T4**

요즘은 교권 관련해서 피해 본 교원에게 어느 교육청에서는 보험 가입을 해주잖아요. 장애학생의 의도성과 상관없이 장애학생에게 받는 폭력 피해에 대한 지원이 확대될 필요가 있어요.… **특수교사 T9**

교권보호위원회에서 피해자 교사가 공무상 병가를 낼 수 있어요. 하지만 다른 교사한테 미안한 거예요. 대체 인력이 필요하니까요. 가해 학생을 징계로 사회 봉사하게 한다는 것도 일반학교는 외부로 가서 자원봉사 할 수 있지만, 우리 학생은 그게 안 되는 거예요. 대신 며칠 이상 가정교육하라는데, 가정 상황을 뻔히 알고 있으니 징계 내리는 게 쉽지 않죠. 그래서 교사가 장애학생을 대상으로 징계를 안 하는 거예요. 교사들이 부담스러워하죠. … **특수교사 T3**

셋

교권보호위원회를 열 수가 없어요. 실제로는 교감이 열어서 업무를 처리해야 하지만 교감이 하나요. 그 일을 교사가 다 해요. 교사가 기록으로 다 남기고 일 처리 다 해야 해요. 그래서 안 하는 거예요. … **특수교사 T4**

교권 보호 사안에서 학부모와의 갈등

특수교사 T4에 따르면, 특수교사는 장애학생에게 맞아 상처를 입어 개인 비용으로 병원 치료를 받으면서도, 학부모와의 관계가 불편해지고 교원평가에서 불이익을 받을 수 있다는 두려움 때문에 학부모들에게 이러한 사실을 알리지 않을 뿐 아니라 교권보호위원회에도 신고하지 않는다고 한다.

교권보호위원회에 대해 회의적이라고 생각해요. 제게 이것과 관련된 경험이 있어요. 행동문제가 심한 학생이 있었어요. 다른 학생을 때릴 것 같아서 교사가 몸으로 막았어요. 선생님 얼굴이 손톱자국에 패인 것을 보니 속이 상하고 화가 나더라고요. 관련 회의가 열렸어요. 교권보호위원회를 열어야 한다고 했지만, 그 선생님은 원하지 않았어요. 2014년에 이에 대한 대안을 좀 마련해 달라는 요구를 하려고 국회의원을 통해서 국감 자료를 요청한 적이 있었어요. 전국 교육청에서 교권보호위원회가 얼마나 열렸는지 조사해 보았는데, 그 당시 전국에서 단 3건만 열렸더군요. 교육부에 대안을 만들어 달라고 요구할 수 있는 수준이 아닌 거예요. 그래서 저는 이 피해 선생님께 특수교사가 어떤 폭력적인 상황에 놓였는지 알리기 위해서는, 교권보호위원회에 이 사건이 넘어가 기록으로 남도록 하는 것이 중요하다고 했어요. 그 기록이 누적되어 사안의 심각성을 교육부와 교육청이 인식해야 대안을 만들어 달라고 요구할 수 있는 근거가 되니까, 교권보호위원회에 이 사건을 올려서 회의가 열릴 수 있도록 해주었으면 좋겠다고 설득했죠. 그런데 피해 교사가 해당 사건을 교권보호위원회에 올리지 않고 그냥 넘어가겠다고 하더라고요. 그 당시 정말 이해가 되지 않았지만, 지나고 생각해 보니 특수교사들이 두려워할 수도 있겠구나 싶더라구요. 학부모가 교사 평가 권한을 갖고 있잖아요. 이걸로 학부모와 어긋나면 1년 동안 괴로운 거예요. 교권보호위원회를 열면 해당 학생의 학부모를 불러야 하니 갈등 관계를 안 만들려고 해요. … **특수교사 T4**

셋

7. 행정적 문제

학교장의 리더십 부재

① 승진과 학교 관리자 평가로 인한 소극적 대처

특수교사 T5는 일반학교나 특수학교에서 장애학생 인권침해가 발생했을 때, 학교 관리자들은 승진 문제로 인하여 적극적으로 해결하려고 나서지 않는다고 했다. 또 문제 발생 시 학교 관리자가 그것이 어떻게 전개될지 몰라 해결 방법을 잘 모르는 경우가 있다고 한다. 특수교사 T6도 장애학생과 관련해서 문제가 생겼을 때 학교 관리자들이 어떻게 대처해야 할지 잘 모르기 때문에 어려움을 겪고 있는 것 같다고 말하였다. 특수교사 T4는 특수학교 내 기간제 교사의 비율이 높고, 특수교육실무사의 권리의식도 높으며, 중도중복장애학생이 많은 구조적인 문제로 인해서 언제든지 문제가 발생할 가능성이 크다 보니 특수학교 관리자가 리더십을 발휘하는 데 어려움이 있다고 전했다. 학교에서 문제가 발생했을 때 학교 관리자들의 문제해결 의지와 판단 능력이 부족한 경우가 나타나는데, 특히 장애학생에 대한 이해 부족 또는 특수학교의 구조적인 문제로 인해 리더십 발휘가 쉽지 않은 것도 알 수 있다.

일반학교 교장 선생님이나 교감 선생님은 특수교육 전공자도 아니고, 본인이 승진하는 데 아무 일 없이 지나가면 좋으니까요. 관리자 역할이 있는데, 자신의 안위만 생각하는 교장 선생님, 교감 선생님이 있어요. 학부모가 계속 민원 제기하면 특수교사가 위험해질 수 있으니, 학교 관리자로서 교사를 보호했어야죠. 다른 학교 사례에서도 그래요. 사건이 발생했을 때 교장, 교감 선생님에게 작은 케익 한 상자 사서 학부모님 찾아뵙고 사과드리라고 하면 "본인이 왜 가냐"고 말하는 분들이 계세요. 그러면 이 교사가 잘못되면 관리자도 승진하는 데 문제 생긴다고 말씀드려요. 그래서 교장 선생님이 학부모 집에 찾아가서 사과하고, 다음 날 교감 선생님이 찾아가고, 그다음에 담임 선생님이 찾아가서 학부모에게 사과드리죠. 이게 서로를 살리는 방법이에요. … **특수교사 T5**

학교에서 학대 사건을 접하면 학부모와 합의를 통해 해결할 수 있는 사안과 법률적 대응을 통해 해결할 수 있는 사안은 다르거든요. 그런데 현장에서는 그 판단을 못 하는 거예요. 그리고 교사가 상담을 통해서 해결해 줄 수 있는 게 있고, 변호사를 통해서 해결할 수 있는 게 있거든요. 그 경중은 다른데, 그 판단을 누군가 해줘야 해요. 교육청이나 학교에서는 그 판단을 안 하려고 하고, 또 못하는 경우들이 있죠. 당황스럽기도 하고, 걱정도 되고, 이전에는 경험하지도 못했을 테니까요. 이 사건이 어떻게 전개될지도 모르니까요. 학교 입장에서는 부담스러웠겠죠. 관리자들의 승진 문제도 있었을 거고요. … **특수교사 T5**

특수학교 교장 선생님과 우연히 얘기한 적이 있어요. 자기도 도와주고는 싶대요. 하지만 기간제 교사가 많고, 장애학생의 행동문제도 심각하고, 지원 인력의 권리의식이 너무 높아 선생님(특수교사)에게 자율권을 주면 통제가 안 될 거라는 불안감이 있으셨어요. … **특수교사 T4**

사건이 터지면 안 좋으니 덮기 급급해요. 실제 무지한 경우도 있고요. 관리자가 어떻게 해야 하는지 모르는 것 같아요. 그런데 교장 연수에 장애 이해에 대한 연수가 들어 있기는 해요. 학교폭력 같은 경우는 절차대로 진행해야 하는데, 장애학생이라고 하면 다를 거로 생각해서 겁을 많이 내요. 실제로 장애학생과 관련된 사안이 생겼을 때, 교장 선생님이 골치 아파하는 것을 봤어요. … **특수교사 T6**

---

② 특수학교 관리자의 온정주의적인 태도

특수교사 T8은 특수학교에서 장애학생 인권침해가 발생했을 때, 학교 관리자들이 온정주의적인 태도로 적극적으로 해결하려고 나서지 않아서 문제가 오히려 더 커지게 되었다고 진술하였다. 특히, 특수교육계가 협소하다 보니 징계를 내리는 데 있어서 어려움이 있다고 말하고 있다. 학교 차원에서 해결할 수 있는 징계 처분을 하지 않고 시간을 끄는 사이에 학부모들의 분노가 더 커지고, 국가인권위원회 전수조사까지 받게 된 사례까지 있었다고 한다. 특수교사 T4는 행동문제가 심각한 중도중복장애학생을 특수교사가 제지하는 과정에서 발생한 문제로 인해 학부모가 교사의 징계를 요구했고, 학교 관리자는 교사를 보호하기 위해 전보라는 극단적 방법까지 동원하여 문제를 해결하는 경우도 있다고 진술하였다.

학교에서 특수교사에 의한 장애학생 인권침해가 일어나서 학교 관리자에게 빨리 징계위원회를 열어야 한다고 했어요. 보통 사람들이 분노하는 것은 특히 감추려고 할 때, 속이려고 할 때고, 감추거나 속이지 않았더라도 학부모들이 그렇게 느끼면 폭발하죠. 징계위원회를 열어서 문제를 해결해야 하는데, 징계위원회 구성이 교내 사람들만 있는 게 아니라 학부모가 추천하거나 해서 외부 사람도 징계위원으로 들어와 공적으로 처리되는 거잖아요. 그런데 그걸 뭉그적거리다 학부모들이 폭발한 거죠. 학교에는 온정주의가 많아요. 제 생각은 그래요. 국가인권위원회에서 학부모와 교직

원을 다 불러서 일일이 봤느냐, 알고 있느냐 전수조사했어요. 전수 조사 받고 나서 학교 선생님들이 5년 동안 우울해했어요. 학교에 서 이루어지는 모든 교육활동이 반인권적인 게 되어 있더군요. …
특수교사 T8

행동문제가 심한 아이가 있었어요. 그 친구는 화가 나면 모든 폭력 행동을 다 했어요. 물건 던지고, 부수고, 깨고, 발로 차고, 때리고, 그 친구도 행동문제가 심한 중도중복장애학생이에요. 이러한 행동을 선생님이 제지하는 과정에서 문제가 발생했어요. 그 장면을 친구가 동영상으로 찍어서 학부모에게 보내줬어요. 학부모가 화가 나서 학교 관리자에게 찾아가 그 교사를 징계하라고 요구했죠. 학교 관리자는 이 교사를 보호하고 싶었어요. 그래서 생각한 방법이 이 교사에게 사직서를 받았어요. 그 교사가 사직하고 나서야 해결이 됐어요. 그 상황이 저는 이해돼요. 그 상황에서 아이를 제압하는 방법은 힘으로 아이의 행동을 멈추는 거예요. 다른 사람을 상해하는 학생을 현실적으로 제지할 방법이 없어요. 교사들은 나머지 학생들도 보호해야 해요. … **특수교사 T4**

문제해결 시스템 부재

특수교사 T8은 학교에서 특수교사에 의한 장애학생 인권침해가 발생했을 때 중재할 수 있는 시스템이 없다 보니, 지역사회 국회의원실이나 장애인 부모단체 등에 전화를 걸어서 중재를 요청했다고 한다. 특수교사 T5는 문제가 생겼을 때 교육청의 보호를 받지 못하기 때문에 혼자서 문제를 해결해야 하는 상황이 무섭다고 했다.

그 당시에 너무 우울했어요. 다른 분들에게 중재해 달라고 부탁했어요. 지역구 국회의원실 비서관과 싸우기도 했고요. 선생님들이 학생을 가만히 두면 방치고 적극적으로 말리면 폭력이라고 하니, 아이들이 깨물고 때릴 때 어떻게 하라는 거냐고요. 나쁘게 얘기하면 방법이 없어요. 현재 매뉴얼은 피해 있는 거예요. 피해 있는 것도 나쁜 거예요. 인권위에서 문제 삼으면 방치가 될 수 있어요. 그때 국회의원 비서관과 통화하면서 이 문제로 공청회를 열어달라고 했어요. 특수교사들이 나가서 장애학생 폭력 문제에 관해 얘기하겠다고요. 그런데 공청회는 열리지 않았어요.… **특수교사 T8**

특수교사에게 문제가 생겼을 때 교육청 내에서 해결할 수 있는 게 없어요. 비록 그 문제가 중증 장애학생이 많고 지원 대책이 부족한

셋

상황에서 교사 혼자 적극적으로 개입하다가 생긴 문제라고 하더라도 말이죠. 결국 교사 혼자 문제를 해결해야 해요. 그런 거 보면 무섭죠. 교육청 소속이지만 교육청에서조차 보호해 주지 않으니까요. … **특수교사 T5**

장애학생 및 특수교사
인권침해 예방 방안

8

1. 교육부 및 교육청의 인권옹호센터 설치

권리 구제 활동

특수교사 T4, T5, T6은 장애학생 및 특수교사 인권침해 사건에 대해 교육부 차원에서 상담을 접수하고, 사실조사를 통해 사건을 지원하는 것이 필요하다고 말하고 있다. 특수교사 T4, T5는 지금의 교육청 특수교육지원센터 인권지원단이나 국립특수교육원 장애학생인권보호팀만으로는 한계가 있다고 말한다. 이러한 기능을 수행하기 위해서 유사한 사례에 대해 사건 지원 경험이 있고 현장 경험이 풍부한 유·초·중·고 현직 특수교사가 교육부에 파견을 나가서 권리 구제 활동을 해야 한다고도 진술했다. 또한 사건이 형사절차를 밟게 되면 장애학생과 특수교사를 지원하고, 특수교육적인 맥락 속에서 수사와 재판이 이루어질 수 있도록 하는 활동도 필요하다는 의견을 냈다.

특수교사 T6은 교육부와 교육청에서 접수하고 지원한 상담 사례에 관한 사례집을 매년 발간해야 한다고 말했다. 교육적인 맥락 속에서 상담사례집을 발간하고, 이 사례집을 가지고 학교 현장이나 교육부 차원에서 해결해야 할 과제에 대해서 매년 토론회 개최를 정례화하는 것이 필요하다고 말했다. 특수교사들은 매년 발간한 상담사례집과 토론회 개최 결과를 정리해서 학교 관리자와 특수교사의 직무연수에 반영해야 한다고도 제안했다. 이는 상담 접수로 수집된 사례들을 통해서 사건의 구체적인 대응 및 해결 방법을 학교 관리자가 알고 있어야만 학교 차원에서 대응할 수 있고, 특수교사도 이러한 사례들의 처리 과정을 알고 있어야 인권 문제에 대처할 수 있기 때문이다.

장애학생 및 특수교사 인권침해 사례에 대해 교육부 차원에서 상담을 접수하고 사실조사와 사건을 지원하는 것이 필요해요. 지금의 교육청 특수교육지원센터 인권지원단이나 국립특수교육원 인권보호팀 역할로는 한계가 있어요. 교육부에 장애학생과 특수교

사 인권 옹호를 위한 센터를 설치해서 학교 현장의 문제에 적극적으로 개입해야 해요. 현장 특수교사 중에는 이러한 업무에 필요한 장학 지원 경험, 컨설팅 경험, 사건 지원 경험이 있는 교사들이 있어요. 이 교사들이 자기 적성과 전문성을 발휘해 파견을 나가면 5년, 10년씩 이 업무를 할 수 있다고 생각해요. 현장 경험이 풍부한 유·초·중·고 현직 특수교사가 교육부에 파견 나가 상담과 사실조사를 하고 사건을 지원하면 초기에 사건을 해결할 수 있다고 생각해요. 경험이 풍부한 특수교사, 변호사, 인권 전문가 등이 팀을 이루어 협업하는 것이 중요해요. 사건이 형사절차를 밟게 될 경우, 장애학생과 특수교사를 지원하고 수사와 재판 과정에서 특수교육이라는 상황을 전제하고 재판이 이루어질 수 있도록 하는 활동도 필요해요. … **특수교사 T4**

교육부나 교육청에서 상담 접수하고 지원한 사례가 있으면 상담 사례에 관한 사례집을 매년 발간해야 해요. 그래야 어떤 사건이 있었고 어떻게 해결됐는지, 어떤 문제가 있는지 파악할 수 있잖아요. 다른 장애인권익옹호기관이나 인권위에서 사례집을 매년 발간하듯이 특수교육계에서도 교육적인 맥락 속에서 상담사례집을 발간하고, 이 사례집을 가지고 학교 현장이나 교육부 차원에서 해결해야 할 과제에 대해서 매년 토론회 개최를 정례화하는 것이 필요해요. 이 사례집의 쟁점 사항에 대한 토론회 자료를 가지고 관리자와

셋

특수교사의 직무연수에도 반영하고 필요한 경우에 정책 제안도 해야 하죠. 상담 접수를 해서 구체적인 사건에 어떻게 대응하고 해결하는지 학교 관리자가 알고 있어야 학교 차원에서 대처할 수 있죠. 특수교사도 알고 있어야죠. 그래야 예방하죠. … **특수교사 T6**

특수교사 중에는 컨설팅이나 장학 지원한 경험 있는 교사들이 있어요. 교육부에서 그 교사들을 활용해서 팀을 꾸려서 상담 접수하고, 초기 대응을 하면 좋죠. 법적인 판단이 필요한 경우에는 변호사가 있어야 하니, 변호사도 팀에 들어와야 하고요. 교사 중에는 인권 감수성이 풍부하고, 이런 사건이 발생했을 때 어떻게 대처해야 하는지 잘 판단하고 대응할 수 있는 사람들이 있거든요. 그 사람들이 이런 업무를 맡는다면 사건을 초기에 대처할 수 있죠. 지금의 교육청 인권지원단이나 국립특수교육원 인권보호팀으로는 힘들어요. 인권지원단에 사건을 의뢰하면 지시만 해요. 일은 특수교사가 다 하고, 오히려 보고서까지 작성해서 제출해야 하니 특수교사의 일만 많아졌죠. 예산 문제로 인력이 부족한 문제가 있겠지만, 현장에 있어 보니 실질적으로 일은 현장 특수교사가 한다는 생각이 들어요. … **특수교사 T5**

장애학생 행동지원센터 및 갈등해결중재센터 설치

특수교사 T7은 행동문제가 심각한 학생들을 위해서 교육청에 행동지원센터를 설치하는 것이 필요하다고 말했다. 행동문제가 있는 장애학생이 교육청의 행동지원센터에서 두 달 동안 행동지원이나 여행과 같은 현장체험학습 등을 통해서 행동문제의 원인을 줄이는 것도 방법이라고 제안하고 있다. 또 특수교사가 학교에서 갈등을 겪거나 인권침해 문제로 법률적 지원이 필요할 때 수시로 상담을 받거나 갈등을 중재해 줄 수 있는 상시적인 기구가 필요하다고 진술하였다. 학교 관리자에게 갈등 상황을 보고하고 수시로 도움을 받는 것이 쉽지 않으니 편하게 상담받고 법률적 지원 등을 받을 수 있도록 교육청에 갈등해결중재센터를 설치할 필요가 있다고 했다. 교육청 산하에 특수교사와 학부모 모두 수시로 도움을 받을 수 있는 행동지원센터와 갈등해결중재센터를 설치하는 것은 좋은 대안이 될 수 있다.

수업 진행이 힘든 학생이 학교에 왔어요. 교사가 두 달 수업해 보니 너무 어려워서 교육청이 개입하게 됐어요. 이러한 중재 기관을 교육청마다 늘려가는 게 필요하다고 생각해요. 이것을 인권 관점이 아니라 솔루션 관점으로 확대하고, 시설 투자도 해서 애들이 가

면 즐거워하도록 하는 게 필요해요. 뛰놀게 해줘야 해요. 예산을 줘서 꽤 많이 지어야 하는 거고요. 결국 교육청이 개입하는 게 맞아요. 계속 시설도 잘 만들어 놓고, 아이들이 좋아할 만한 것을 연구해서 줘야 해요. … **특수교사 T7**

중도중복장애학생의 학부모도 너무 힘들어요. 학생과 일주일이라도 떨어져 쉴 수 있게 해야 해요. 그래야 학부모도 숨을 쉬죠. 일주일이라도 학부모 혼자 여행이라도 갈 수 있게 해야죠. 학부모도 여유를 가지면, 그런 문제가 안 생길 수 있어요. 학부모도 너무 힘들어요. 졸업해도 지원이 없으니까요. … **특수교사 T7**

인권침해 사건뿐만 아니라 학교에서 일어나는 크고 작은 갈등에 대해서도 교육청에서 법률 상담, 갈등 상담 등을 받을 수 있는 갈등해결중재센터가 필요해요. 그래서 큰 사건으로 가지 않고, 또 인권침해가 계속해서 발생하지 않도록 초기에 갈등을 해결할 수 있게 해야죠. 일반학교에서 작은 갈등 문제를 가지고 교장 선생님을 자주 찾아뵙는 게 쉽지 않아요. 그래서 수시로 상담받고 중재받을 수 있도록 교육청에 갈등중재팀이 필요해요. … **특수교사 T7**

>
> 장애학생에게 좋은 습관을 형성시키는 게
> 취업에도 좋고 사회생활에도 좋아요.
> 예외 규정을 두어서 수업 시수의 자율성을
> 특수교사에게 부여하면 그런 훈련이 가능해요
>

셋

교육활동상의 피해 지원

특수교사 T4는 학교 현장에서 장애학생에게 폭력을 당한 특수교사들이 산재처리 지원을 받지 못하고 있다고 진술하였다. 특수교사 T7은 교육청에서 장애학생에게 폭력을 당하는 특수교사에게 치료 비용을 지원하고, 정신과 치료나 심리상담 등을 지원받을 수 있는 센터가 필요하다고 말한다. 특수교사 T9에 따르면, 특수교사들은 중등과정의 장애학생 신변처리 과정에서도 직무상 스트레스를 받고 있다고 한다. 장애학생 지도 시 상해를 입을 경우, 산업재해로 인정받기 어려운 현실을 개선하고 특수교육활동상에서 나타나는 피해를 지원하기 위한 공공기관의 설립이 시급하다.

특수학교에서 한 교사가 다쳤어요. 장애학생이 2층 계단에서 1층으로 밀어서 팔 골절이 생기고, 발목에 깁스했는데도, 교장 선생님이 신고를 안 내줘서 깁스하고 출근했어요. 그럼에도 교사가 신고를 못하더라고요. 제가 산재처리하라고 했는데, 장애학생이 한 행동은 산재처리가 안 된대요. … **특수교사 T4**

특수교사들이 정신과 치료를 받는 경우들이 있어요. 일하면서 스트레스도 많이 받고요. 교육청에서 상담이나 정신과 치료를 지원해 주면 좋죠. … **특수교사 T7**

중등과정 학생 중에 신변처리 안 되는 친구들이 설사나 대변을 보면 선생님이 다 씻기거든요. 여자 선생님들은 정말 힘들어해요. 스트레스도 많이 받고요.. … **특수교사 T9**

2. 특수교사 인권옹호 가이드라인 제시

인권 친화적인 행동지도 가이드라인

특수교사 T8은 학교 현장에서 장애학생의 행동문제가 있을 때 할 수 있는 것은 다른 아이들을 데리고 피해 있는 것밖에 방법이 없다고 말했다. 장애학생의 행동문제에 개입했다가 폭력으로 오해를 받을 경우, 법적으로 불리해질 수 있어서 되도록 접촉하지 않고 개입하지 않으려고 한다고 한다. 특수학교의 경우 심리안정실이 있는 학교들이 있지만, 장애학생의 공격행동이 발생한 순간에는 도움을 받을 수 없는 현실적인

셋

문제도 있다고 한다. 특수교사들은 장애학생의 행동지도나 행동지원을 어느 수준까지 개입해야 하는지 그 기준이 명확하지 않아 어려움을 겪고 있다.

교육부에서 가이드라인이 나오면 좋죠. 특수학교에서 반드시 지켜야 할 5~6개의 가이드라인을 제시하고, 일반학교로 위임했으면 좋겠어요. 일반학교 특수학급은 행동과 관련된 매뉴얼을 만드는 것으로요. 운영위원회에 학부모도 오고, 지역사회 인사도 오잖아요. 거기서 어떤 민주적인 것들이 일어날 수 있도록 하면 될 것 같아요. 일단은 학교 단위로 행동문제에 대한 중재 매뉴얼을 만들어야 해요. 학교마다 분위기가 다 다르기 때문이에요. 교육부에서 꼭 지켜야 할 원칙만 제시하고, 나머지 세세한 것은 단위 학교에서 만들도록 해야 해요. 공청회 몇 번, 설문조사 몇 번, 기타 등등의 지침을 줘서 그대로 이루어지도록 하는 게 필요하죠. 매해 업데이트하게 해서, 업데이트할 때 그 절차를 거치는 거죠. 학교 구성원들이 합의해서 매뉴얼을 만들고 지키면 되죠. 거기에 전제해야 할 것은 선생님이 전문가로서 정말 많은 것을 갖춰야 한다는 것이에요. 안 그러면 요식행위가 돼요. 결론은 선생님이 공부하지 않으면 아무것도 안 된다는 거예요.. … **특수교사 T8**

특수학교에는 심리안정실이 있어요. 그런데 장애학생이 물건을 던지고 다른 학생을 때리는 상황에선 바로 심리안정실에 데리고 갈 수는 없어요. 그렇게 하다가 오히려 사고가 나서 더 위험해질 수도 있고요. 심리안정실이 대안이라고 하기엔 어려움이 있어요. … **특수교사 T8**

인권 친화적인 신변처리 지도 가이드라인

특수교사 T7은 장애학생의 경우 유·초·중·고등학교 과정과 상관없이 신변처리가 필요한 경우에 특수교사가 어떻게 지원할 것인지 교육부 차원에서 가이드라인이 필요하다고 말했다. 변호사 L은 신체 접촉이 발생하였을 때, 어느 범위까지 가능한지 교육부 차원에서 가이드라인을 제시해야 특수교사도 이 가이드라인에 따라서 안전하게 신변처리 지도를 할 수 있다는 의견을 밝혔다. 학교 현장에 늘어나고 있는 중도중복장애학생의 신변처리 지도와 지원을 어떤 기준을 가지고 할 것인지에 대한 교육부의 가이드라인 제시가 필요하다.

셋

교육부에서 신변처리 지도나 지원을 어떻게 할 것인지 인권적인 기준을 마련해주면 좋을 것 같아요. 지금처럼 모호한 상황에서 문제가 생기면 특수교사가 책임질 수밖에 없어요. 학교 현장에는 유·초·중·고 학생 중 스스로 신변처리가 안 되는 친구들이 많아요. 중도중복장애학생들이 과거에 비해 많아졌어요. … **특수교사 T7**

신체 접촉을 해서는 안 된다는 가이드라인이 있으면 현장에서 너무 곤란할 것 같아요. 교육과정에서 접촉이 필요하면 가이드라인에 명시하고 보호자 동의를 받으라고 하는 게 최선인 것 같아요. 배변 훈련이 중학교, 고등학교 과정에서도 이루어져야 하는데, 명확하게 그런 내용은 없었어요. 신체 접촉 포함해서 예민한 부분이나 보호자와의 소통에 관한 내용도 개별화교육에 들어가야 해요. 이러한 것을 고려한 가이드라인이 필요하겠죠. … **1심 변호사 L**

인권 친화적인 특수교육실무사 직무 가이드라인

특수교사 T6은 학교 현장에서의 특수교사와 특수교육실무사 간의 갈등과 문제점을 줄이기 위해서는 특수교육실무사의 직무에 대한 교육부의 명확한 가이드라인이 필요하다고 말했다. 「장애인 등에 대한 특수교육법」에 나와 있는 직무 내용만 으로는 현장에서 갈등이 발생하기 쉽기 때문이다.

교육부나 교육청이 잘못하고 있어요. 지침이 애매해서 충돌 지점이 발생해요. 모든 것을 지침에 쓸 수는 없어요. 현실적인 가이드라인이 필요해요. 특수교육실무사도 불만이 있을 수 있어요. 특수교육실무사 입장에선 특수교사가 월권행위 한다고 생각할 수 있어요. 지침이 명확하지 않기 때문이에요. 특수교사나 특수교육실무사 모두 수긍할 수 있는 가이드라인이 필요하다고 생각해요. …

특수교사 T6

---

3. 특수교사의 자율권 강화

수업 시수 운영의 자율성 강화

특수교사 T4는 수업 시수를 줄이면 장애학생의 행동문제를 감소시킬 수 있다고 했다. 특수교사 T7은 장애학생 행동 문제를 감소시키고 좋은 생활 습관을 키우기 위해서라도 수업 시수 운영에서 있어서 특수교사의 자율성이 강화되어야 한다고 말하였다. 특수교사 T9도 수업 시수가 많아 장애학생에게 맞지 않다고 말했다. 특수교사에게 수업 시수 운영의 자율성을 부여하여 장애학생에게 좋은 생활 습관을 키워주고 장애학생의 행동문제를 줄일 수 있도록 하는 것이 필요하다.

「장애인 등에 대한 특수교육법」에 개별화교육과 관련된 부분은 교과 지도로 안 나와요. 교육적 지원이 필요한 특정한 영역이 교육행정 지원 시스템NEIS에 맞춰지면서 교과로 바뀌었어요. 정말 필요한 생활 지도나 행동문제 지도 대부분이 발달장애인 학생들에게 교육적 지원을 해줘야 하는 영역이지만, 그런 내용은 아예 교육행정 지원 시스템에 들어갈 수가 없어요. 수업 시수를 줄일 필요가 있어요. 교육행정 지원 시스템도 문제가 있고요. … **특수교사 T4**

장애학생에게 좋은 습관을 형성시키는 게 취업에도 좋고 사회생활에도 좋아요. 예외 규정을 두어서 수업 시수의 자율성을 특수교사에게 부여하면 그런 훈련이 가능해요. … **특수교사 T7**

수업 시수가 너무 많아요. 학생들 컨디션에 따라 오전에 좋은 친구가 있고 오후에 좋은 친구가 있거든요. 그런데 모두 아침에 나와서 하루 종일 책상에 앉아 있어야 해요. 행동문제가 생길 수밖에 없

죠. 수업 시수 운영의 자율성을 주어 학생들의 이러한 상황을 고려해 수업하면 학생들의 행동문제도 훨씬 줄어들 수 있다고 생각해요. … **특수교사 T9**

4. 특수교사의 인권 옹호 역량 강화

특수교사 인권 옹호 교육

특수교사 T4는 장애학생 인권침해 사례에 대한 교육이 필요하다는 의견을 밝혔고, 특수교사 T5는 특수교사가 자신의 인권을 옹호할 수 있는 법률 상식 등의 교육이 필요하다고 말했다.

현직 선생님들에게 사례를 중심으로 한 교육이 필요해요. 개인적으로 특수학교에 있을 때, 선생님들이 이런 강의를 처음 들었다고 했어요. 발생한 사례를 중심으로 어떤 부분들이 문제가 될 수 있는지 찬찬히 설명하는 거예요. 연필을 가지고 지시하잖아요. 그것도 문제 삼자면 흉기 소지로 학대가 될 수 있는데, 선생님들이 처음 알았다고 하더라고요. 어디서 이런 강의를 듣느냐고 했어요. 현직에 계신 선생님들께 사례를 가지고 교육해야 해요. 실질적인 교육을 하고 나면 문제가 확 줄어요. 선생님들도 조심하거든요. 특수학교에서는 그래도 연수를 해요. 긍정적 행동지원 연수도 하고요. "체벌이 금지되어 있어요"라고 얘기하면 "그래요?"라고 얘기하는 분들도 있어요. 저의 윗대 선생님들은 모르는 분들이 많고, 옛날 행동수정 방식을 고수하는 분들이 있어요. 이런 분들에겐 더더욱 학교 현장에서 발생한 장애학생 인권침해 사례에 대한 교육이 필요하겠죠. 교육을 받은 선생님들은 조심하거든요. … **특수교사 T4**

특수교사 스스로 자신의 인권을 옹호할 수 있도록 법률 상식이나 지원 단체 등에 대한 정보를 얻을 수 있으면 좋겠어요.… **특수교사 T5**

특수교사 양성 과정에서 인권 옹호 과목 개설

특수교사 T7은 학교 현장의 문제를 잘 대처하기 위해서는 특수교사 양성 과정에서 특수교육 철학, 장애학, 갈등중재 방법 등에 대해서 배워야 한다는 의견을 밝혔다. 특수교사 T4, T5도 인권, 철학, 사람을 보는 관점, 장애인 관련 법과 구체적인 인권침해 사례를 배워서 대처할 수 있어야 한다고 말했다.

특수교사 양성 과정에서 철학이나 중재 방법 등을 배워야 한다고 생각해요. 사람에 대한 이해, 장애학, 이런 과목을 이수하는 게 필요해요. 대학에서 기능적으로 배우고 나오지만, 학교 상황이 기능적으로 구현하기가 쉽지 않아요. 양성 과정이 현장 문제를 적절히 처리하기 어려워요. 교육 내용이 현장과 괴리가 있어요. … **특수교사 T7**

장애가 있는 아이들은 다른 점이 많은데, 일반교육의 관점으로 배우면 안 되거든요. 현실에 맞게 장애인차별금지법도 배우고, 법적 대응 방법에 대해서도 배워야 하고, 장애학생 인권침해 사례와 같은 구체적인 사례를 통해 대처 방법에 대한 교육도 필요하다고 생각해요. … **특수교사 T4**

사람을 보는 관점이 달라져야 해요. 인권도 배우고, 교육철학도 양성 과정에서 배워야 해요. … **특수교사 T5**

셋

5. 승진 제도 및 학교 관리자 평가 구조 개선

공모형 교장 확대 및 교장 선출 보직제 도입

특수교사 T5는 승진 제도 및 학교 관리자 평가 구조의 변화가 필요하다고 말했다. 현행 승진 구조 문제를 바꾸기 위해서 교장 선출 보직제를 도입하고 공모형 교장을 확대 시행해야 한다고 밝혔다. 또한 교장의 자격을 경력 15년 이상의 교사면 누구나 교장 보직 후보자가 될 수 있도록 하는 것이 필요하다고도 말하였다. 특수교사 T7도 학교 현장에서 학교장이 중요하기 때문에 교장을 보직제로 선출하는 것도 방법이라는 의견을 밝혔다. 한편 특수교사 T6은 공모형 교장도 학부모 민원을 적극 수용해서 교사가 힘들어질 수 있다는 의견을 나타냈다. 현장의 특수교사들은 승진 구조의 문제를 예방하기 위해서 교장 승진 방식을 공모형 교장이나 보직 선출제와 같은 다양한 방식으로 변화시켜야 한다고 말했다.

공모형 교장을 늘려야 해요. 공모형 교장의 경우 짬짜미가 있을 수 있으니 선출형 보직 제도도 방법이라고 생각해요. 일단은 직선제로 뽑는 거예요. 교장 후보 자격은 교사 경력 15년 이상이면 누구나 할 수 있도록 자격 기준을 바꾸는 것도 필요하다고 생각해요. … **특수교사 T5**

교장만 바뀌면 사실상 학교 문제의 70%는 해결할 수 있어요. 그만큼 학교에서 교장 선생님이 중요해요. 교장 선생님을 보직제로 선출하는 것이 필요해요. … **특수교사 T7**

공모형 교장일 경우에 학부모 의견을 적극 수용해서 일을 하다 보니 교사들의 일이 많아져요. 현재의 공모형 교장 평가 시스템은 2년 운영에 대한 학부모와 교사, 학생들의 평가를 반영하고, 2년을 더 할지 말지를 교육청이 결정하거든요. 당연히 학부모의 눈치를 볼 수밖에 없죠. 그래서 공모형 교장만이 꼭 대안은 아닌 것 같아요. 교장 선출 보직제나 다른 방식도 고려해 봐야 할 것 같아요. … **특수교사 T6**

셋

학교 관리자 평가에서 교사의 평가 확대

특수교사 T4는 기존의 승진 구조를 바꾸기 어렵다면, 학교 관리자 평가에서 교사의 평가 항목과 비중을 확대하는 것이 필요하다는 의견을 나타냈다. 학교 관리자 평가 항목을 조정하여 학교 관리자들이 교사와 학생의 인권 문제해결에 더 적극적인 관심과 책임을 갖도록 하는 것이 필요하다.

승진 구조를 바꾸기 어렵다면 교장, 교감 평가 항목에 교사 평가 항목을 늘려서 교사들의 인권 문제에 대해서 신경을 쓸 수 있도록 하는 것도 필요하다고 생각해요. 지금은 학부모의 지나친 민원까지도 교사가 처리할 때가 있어요. 정말 힘들어요. … **특수교사 T4**

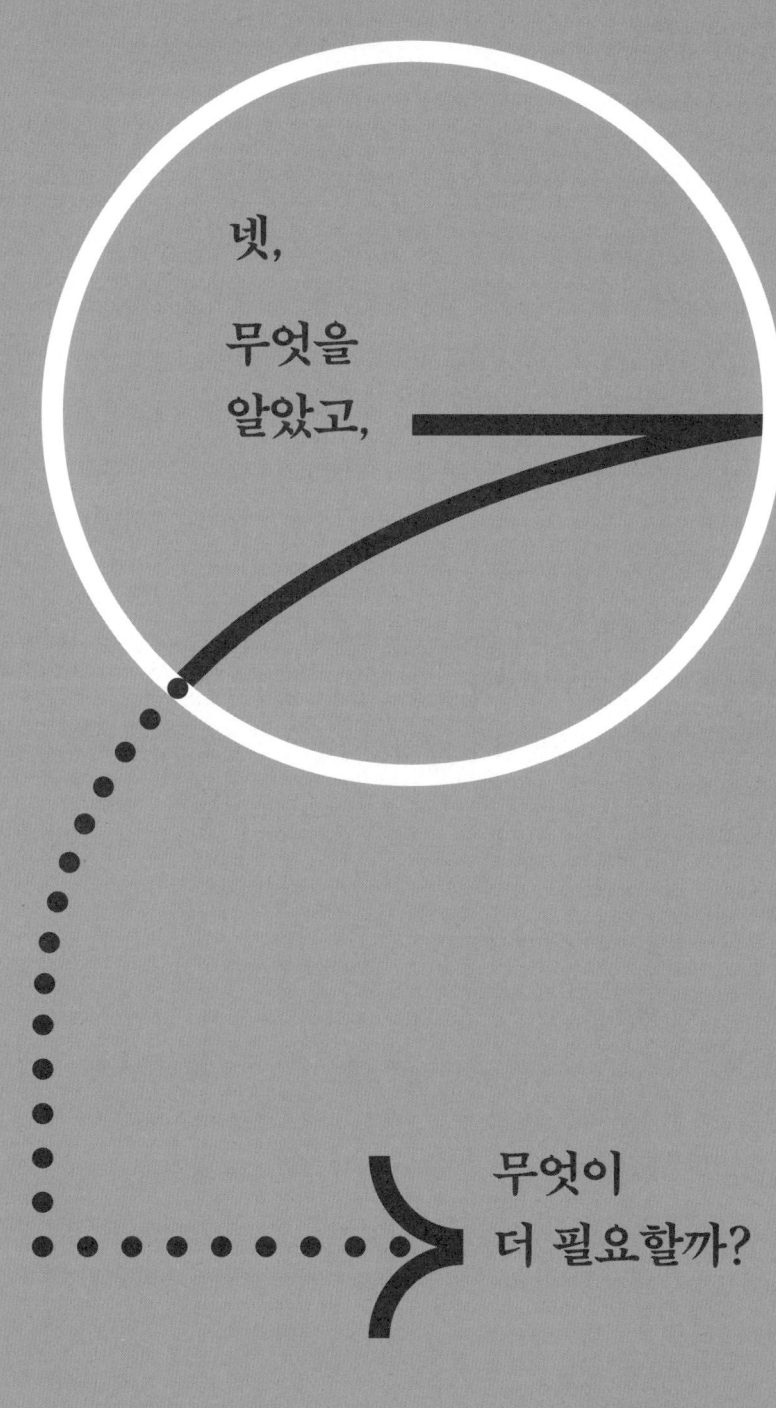

특수교사의 인권 옹호 역량이 강화되는 것은
교사 자신의 인권을 스스로 지키는 것이며,
그렇게 될 때 장애학생의 인권도
포용하는 태도를 형성할 수 있다

무엇을 알았고, 무엇이 더 필요할까?

특수교육 현장의 인권침해 사례 연구가 우리에게 던지는 시사점

⌛

지금까지 ○○학교 특수학급 장애학생 인권침해 사례에서 나타난 인권 문제를 살펴보고자 심층면담을 통해 장애학생과 특수교사의 인권 문제를 분석하고, 이 사례에서 나타나는 맥락적 특성과 장애학생 및 특수교사의 인권침해 예방 방안을 알아보았다. 본 사례의 심층면담 분석 결과에 근거하여 전체 논의를 간략하게 정리하면서 특수교육적 시사점을 논의하는 것으로 결론을 대신하고자 한다.

1. 사례에 나타난 장애학생 인권 문제

본 사례에 나타난 장애학생 인권 문제의 심층면담 분석 결과는 다음과 같다.

첫째, 행동수정 방식에 의한 장애학생에 대한 폭력(체벌) 문제가 있다. 이것은 김요섭(2015)[24]의 연구에서 교사에 의한 체벌이 인권침해 심각성 순위별 빈도 항목에서 큰 비중을 차지하는 것과도 일치한다. 과거 대학의 교사 양성 과정에서 장애학생의 행동수정 방법으로 배웠던 체벌 방식은 현재 국가인권위원회 결정례[25]와 법원의 판결에서 인권침해나 아동학대로 인정하고 있다. 이와 관련하여 이영란과 김광병(2020)[26]의 연구에서도 학교 교육과정에서 교육상 필요한 경우 법령과 학칙에 의해 학생을 징계하거나 그 밖의 방법으로 지도하더라도 징계 방법으로서의 체벌은 허용하지 않으며, 그 밖의 방법으로 지도할 때에도 훈육·훈계가 원칙이라는 점을 명확히 하고 있다.

하지만 일부 특수교사들은 2011년 이후 학생 체벌이 법적으로 금지되었다는 사실조차 모르는 경우도 있다. 렌크Renk 외(2002)[27]의 연구에 따르면, 장애아동 학대는 범죄이며 그에 상응하는 법적제재가 가해진다는 사실도 알려야 한다고 지적하고 있다. 따라서 오늘날 학교 현장에서 특수교사가 행동수정 방법의 하나인 '벌'로 장애학생을 지도하고 있는지 교육부에서는 그에 대한 실태조사를 시행하고, 행동지도 방법에 대한 인권 기준을 마련하는 것이 필요하다. 장애학생에 대한 행동중재의 방법에 있어 학부모와 교사 간 인식의 차이가 크고, 장애의 유형과 특성에 맞는 행동중재의 객관적 기준이 제시되지 않아 일선 특수학교 현장에서 어려움을 겪고 있다고 국가인권위원회[28]는 판단하고 있다. 이에 국가인권위원회는 결정례(2012)[29]를 통하여 '장애유형별 행동문제 중재 지침'을 개발하여 각급 학교에 보급하는 것이 필요하고, 동 지침에 장애학생의 행동 문제별 해결방법과 행동문제 발생 후 조치 사항, 이에 대한 학부모와의 사전·사후 논의와 설명 절차 및 평가 등을 포함할 것을 권고하였다. 교육부에서는 이러한 내용을 포함하여 '장애학생 행동중재 가이드라인'을 2023년 12월에 발표하였는데, 이 가이드라인이 현장에 실질적으로 적용되는 것이 필요하다. 또한 발달장애 학생 등의 도전적 행동을 예방하고 사전에 준비된 매뉴얼에 따라 지원할 수 있어야 한다. 국립특수교육원 국가장애인평생교육진흥센터에서 2020년에 개발한 '발달장애인 도전적 행동 중재 매뉴얼'이 현장에서 실질적으로 적용되는 것이 필요하다.

둘째, 장애학생에 대한 인권 감수성 부족과 인권침해가 유발되는 구조적 문제가 있다. 특수교사 T1은 장애학생 S2의 실질적인 보호자 역할을 한 할머니의 요청에 따라서 장애학생 S2의 신변처리 지도와 지원을 하였다. 그 과정에서 발생한 부주의한 신체 접촉 논란으로 인하여 특수교사 T1은 법원으

넷

로부터 장애인 준강제추행으로 유죄 판결을 받았고, 이를 근거로 한 교육청 징계로 교사직을 잃게 되었다. 신체 부위 접촉 여부에 대한 실체적 진실은 정확히 알 수 없다. 이에 대한 특수교육실무사 PP2, 활동지원사, 특수교사 T2 등의 진술과 특수교사 T1, 특수교육실무사 PP1 의 진술이 상반된다는 것만을 확인할 수 있을 뿐이다. 특수교육 현장에서 장애학생의 신변처리 지도 및 지원 활동을 할 때에는 세심한 주의가 필요하고 특히, 장애학생에 대한 인권 감수성을 견지하고 있어야 한다는 점에서 이 사례는 큰 시사점을 준다.

이 사건의 판결에서 재판부는 중증장애학생의 신변처리 문제와 관련한 활동상에서 특수교사 T1이 장애학생의 민감한 신체 부위를 고의적으로 만졌다고 판단했다. 고의성도 없고, 접촉했다고 해도 스치는 수준의 접촉이었다는 T1의 주장은 받아들여지지 않았다. 접촉 수준이 재판부가 판단하는 수준보다 낮은 수준이라고 하더라도, 고의성을 갖고 신체 부위를 접촉했다고 법원이 사실관계를 판단한 이상, T1의 행위에는 긴급성도 없고, 방법이나 수단도 부적절하며, 다른 방법이나 수단이 없었던 것도 아니라는 이유로 정당 행위로 인정받지 못했던 것이다. 일반교육과 달리 특수교육에서 특수교사나 특수교육실무사의 일상적인 교육활동 및 지원 활동의 경우 장애학생과 신체적 접촉이 빈번할 수밖에 없다. 그렇지만 특수교육 현장에서 장애학생과의 신체 접촉 관련 분쟁이 적지 않은 만큼, 신체 접촉에 관한 인권 감수성과 세심한 접근이 더욱 요구되고 있다.

 그러나 더 중요한 사실은 신변처리와 관련한 장애학생 인권침해 문제의 근본적인 원인이 장애학생과 특수교사 및 특수교육실무사의 성비 불균형과 신변처리 지원을 위한 전담 인력이 턱없이 부족한 현실에 있다는 점이다. 따라서 장애학생에 대한 신변처리 지도나 지원 과정에 발생한 인권침해의 원인을 특수교사의 인권 감수성 부족으로만 보기 어렵다. 학교의 부족한 신변처리 지원이 신변처리와 관련한 인권 문제를 발생시키고 있다. 국가인권위원회(2015)[30]의 정책 권고에서도 특수교육실무사의 대다수가 여성이기 때문에 장애 남학생의 신변처리를 보조하는 과정에서 불가피한 신체 접촉이 발생할 경우, 이는 장애 남학생에게 수치심을 일으킬 수 있고 자존감을 떨어뜨릴 수 있다고 지적하였다. 따라서 남성 지원 인력을 확충하는 방법으로 학교에 사회복무요원 배치, 특수교육 관련 학과 졸업생 대상 인턴 교사 배치 등을 고려할 수 있다고 제안하고 있다. 박경옥과 신윤희(2019)[31]의 연구에서도, 중도중복장애학생이 신변처리 지원을 받을 때 부득이하게 성(性)이 다른 성인의 지원을 받아야 한다는 것은 학교에서 사생활 보호를 받을 자유가 침해되고 있다는 것을 의미하므

넷

로, 이와 같은 문제에 민감하게 반응하는 제도 마련이 시급하다고 지적하고 있다. 성별이 다른 특수교사나 특수교육실무사에 의해서 장애학생의 신변처리 지도나 지원이 이루어지고 있는 상황은, 특수교사나 특수교육지원인력이 학교 공간에서 마주치는 제3자에게 성범죄자로 쉽게 오해받을 수 있는 환경에 노출되어 있다는 것을 의미하기도 한다.

이러한 학교 특수교육의 환경과 구조가 언제든지 다양한 인권침해를 불러일으킬 수도 있으므로 장애학생에 대한 신변처리 지도나 지원을 어떻게 할 것인지 근본적인 원인을 파악해서 대안을 마련해야 한다. 특수교육실무사가 신변처리 지원을 특수교사의 지시를 받도록 하는 교육부 지침(2020)[32]과 그로 인해 나타나는 학교 특수교육 현장의 갈등과 문제적 상황들, 특수교육실무사의 부재로 특수교사가 홀로 신변처리 지도 및 지원하는 과정에서 문제가 발생했을 경우 특수교사가 모든 책임을 져야 하는 현실, 특수교사가 장애학생 신변처리 지원을 하러 간 사이에 다른 학생들이 개별화교육을 받지 못하고 안전 측면에서도 연쇄적인 인권침해가 일어날 수 있는 열악한 환경과 구조는 시급히 개선되어야 한다. 근본적인 문제를 해결하기 위해서는 한경근 외(2018)[33] 연구에서 제시한 것처럼, 중도중복장애학생의 대다수가 신변처리를 비롯한 일상생활 교육을 위한 교육 지원 요구가 높은 것을 감안하여 교과 지도 시간 외에 일상생활 지도를 위한 실제 수업 시간을 보완적으로 확보해야 한다. 2022 개정 특수교육 교육과정에서는 특수교육대상학생(장애학생)의 독립적인 삶을 위한 생활 적응 능력을 신장하기 위해 일상생활 활동을 교육과정 영역으로 신설하였고 교육과정 50% 범위 내에서 시수를 증감하여 편성·운영할 수 있도록 하였다.[34]

셋째, 장애학생의 교육권 침해 문제이다. 사례 학교에서 특수교사 T1과 특수교육실무사 PP2 간 갈등에 다시 특수교사 T1과 장애학생 S1의 아버지 간 갈등이 중첩되면서 갈등 양상이 복잡해지고 더욱 심각해지는 것을 확인할 수 있다. 이는 레이크와 빌링슬리Lake & Billingsley(2000)[35]의 연구에서 장애아동의 욕구와 기대치에 대한 서로 다른 견해, 지식·정보·경험의 부족, 특수교육 서비스 전달의 문제, 한정된 특수교육 자원, 가치에 대한 인식의 차이, 학부모와 교사 간 힘의 관계, 적절하고 충분한 의사소통의 부족, 서로 간의 신뢰 부족 등이 학부모와 학교 간의 갈등을 유발하는 요인이라고 한 것과 맥을 같이한다.

장애학생 S1의 아버지도 시작은 자녀의 체벌 문제를 해결하기 위한 것이었다. 그런데 학교 관리자나 교육청은 학부모가 교사의 전보나 파면까지 요구하는 것은 무리한 요구라고 판단하여 수용하지 않았다. 이에 불만을 품은 장애학생 S1

의 아버지는 자녀의 등교를 중단시켰으며, 전일제 통합학급에 배치를 요구하였다. 이에 학교 관리자는 개별화교육지원팀 협의를 거치지 않고 장애학생 S1을 일반학급에 배치하였고, 이 과정에서 S1은 적절한 특수교육을 받지 못하게 됨으로써 교육권이 침해되는 결과로 이어졌다. 분명, 특수교사 T1이 체벌을 통해 장애학생을 지도한 것에 대한 항의는 충분히 이해할 수 있는 상황이다. 하지만 학부모가 교사의 전보나 파면을 요구하는 것은 무리한 민원일 수 있다.

이러한 상황에서 학교 관리자나 교육청은 학부모의 의견을 무시하는 것이 아니라, 즉시 개입하여 학부모가 수용할 수 있는 합리적이고 합당한 대안을 제시하고 중재하여 문제를 끝까지 해결하려고 노력해야 했다. 국가인권위원회의 결정례나 여러 연구[36]에서 특수교육 현장에서 발생하는 학부모와 교사 간의 갈등 문제를 효율적으로 해결하기 위한 갈등중재 제도나 전담기구의 필요성을 제시하고 있다. 교육청과 학교 관리자의 즉각적인 개입으로 합리적인 대안을 제시하고 중재하여 갈등을 종결하는 문제 해결 시스템의 구축이 필요하다. 학교와 학부모 간의 갈등으로 인하여 장애학생의 교육권이 침해되어서는 안 된다.

넷째, 장애학생의 사생활 침해 문제이다. 사례 학교의 특수교육실무사(PP2)는 특수교사 T1과 여러 장애학생의 학교

생활을 몰래 녹음하였다. 그 목적이 장애학생의 인권을 옹호하는 데 있었는지, 특수교사 T1과의 갈등에서 유리한 해결 수단을 마련하는 데 있었는지는 정확히 알 수 없다. 장애학생의 인권침해가 벌어지고 있는 상황에서 가장 중요한 것은 바로 그 순간 피해를 보고 있는 학생을 구제하는 일이다.

김기룡 외(2015)[37]의 연구에서 특수교사들이 통합교육 현장에서 장애학생이 경험하는 인권침해 중 사생활 침해가 28.3%라고 인식하고 있는 점에서 볼 수 있듯이, 장애학생의 사생활 침해는 통합교육 현장에서 다양한 형태로 일어나고 있음을 알 수 있다. 그렇지만 국가인권위원회 결정례(2010)[38]나 법원의 판결에서 상대방의 동의를 구하지 않고 녹음한 자료가 장애학생의 인권을 옹호하는 데 중요한 증거 자료로 역할을 해 왔다. 교육부와 교육청은 교사와 학생의 교육활동을 일방적이고 비밀스럽게 녹음하는 행위가 폭력성을 내포한 심각한 인권침해 상황임을 엄중히 인식해야 한다. 따라서 교육부와 교육청은 이에 대한 대책을 마련하여 근본적인 문제를 개선해 나가야 한다. 이러한 노력을 통해 학교 특수교육이 상호신뢰할 수 있는 공간에서 이루어질 수 있도록 해야 한다.

다섯째, 장애학생의 형사절차상의 권리행사 침해 문제가 있다. 장애학생 S1의 경우 구어를 통한 의사소통이 가능하고 자기 생각을 자연스럽게 말할 수 있었으나, 장애학생 S1

넷

에 대한 경찰 조사에서 S1의 아버지가 신뢰관계인으로 동석하였다. 장애학생 S1의 아버지가 신뢰관계인으로서 수사기관의 조사에 동석하는 것은 법적으로 문제 될 것은 없다. 하지만 장애학생 S1의 아버지(P1)는 학기 초부터 특수교사 T1과 갈등 관계를 이어왔다. 아버지 P1이 경찰 조사에 참석했다는 사실 그 자체는 갈등 당사자(P1)의 의도와 전혀 무관하게 경찰 조사 과정상 장애학생 S1의 진술권, 자기의사결정권에 어떠한 영향을 주었을 가능성도 내포한다.

따라서 교사와 학부모 간 갈등 관계가 학생의 심리 상태에 어떠한 영향을 미치는지 상세하게 살피면서 학생의 진술권, 자기의사결정권에 접근해야 한다. 이는 신뢰관계인 동석 여부 및 피의자와 신뢰관계인 간의 관계가 장애학생의 형사절차상의 권리행사에서 긍정적으로 작용할 수도, 부정적으로 작용할 수도 있음을 의미한다. 장애학생에 대한 수사기관의 조사 과정에서 신뢰관계인의 동석 여부는 사건의 성격, 장애 정도, 심리 상태, 당사자와 신뢰관계인의 관계 등을 고려하여 상황별로 판단하여 결정되어야 한다. 이 사건에서는 장애학생 S1이 조사받을 때 부딪치게 될 여러 가지 어려움과 불이익을 고려하여, 변호사나 진술 조력인이 동석하거나 일반학교 통합학급 담임교사나 특수학급 담임교사가 신뢰관계인으로 참여하는 것이 더욱 적합한 대안이었을지도 모른다. 이처럼

장애학생의 신뢰관계인의 동석이 필요한 경우, 상황별로 판단할 수 있는 기준이 필요하다.[39]

또한 수사기관이나 법원, 다른 공공기관 등에서 장애학생이 당사자나 참고인, 목격자로서 조사받거나 증언할 때, 장애학생에게 어떠한 심리적 기제가 작용하고, 장애학생을 둘러싼 내·외적 환경이 어떠한 영향을 미치는지에 대한 면밀한 연구가 선행되어야 하며, 이를 토대로 형사절차에서 장애학생에게 적용되어야 하는 권리행사 가이드라인 마련이 필요하다.

한편 이 사례에서 특수교육실무사 PP2, 활동지원사, 특수교사 T2 등의 진술에 의거, 성추행 피해자로 지목된 중도중복장애학생인 S2는 구어로 의사소통이 어려워서 스스로 진술하기가 어려웠다. 장애학생 S2는 경찰 수사 과정에 단 한 차례 출석해 조사받았으나, 의사소통이 어렵다는 이유로 S2로부터 사실관계를 확인할 수는 없었고, 재판 과정에서도 S2는 법정에 출석하여 증언하거나 법정 신문을 받지도 않았다. 재판부는 장애학생 S2의 정신감정만 공식 의뢰했을 뿐, 전문적인 진술 조력인의 도움을 받아서 S2의 의사를 확인해 보는 단계까지 이르지는 못했다. 물론 구어로 의사소통이 어려운 중도중복장애학생을 상대로 사건을 조사하거나 증언을 듣고 신문하기는 쉽지 않다. 그러나 장애학생 S2는 비록 의사소통이 어렵더라도 분명히 의식이 있는 자연인이며, 제3자들로부터 피해 당사자로 지목되었다. 그렇다면 국가수사기관과 사법부는 시간이 조금 더 걸리더라도 전문가의 도움을 받아서 이 사건의 직접 당사자인 장애학생 S2의 감정 상태, 기억, 자기 의견 등을 조금이라도 더 알아보려고 노력해야 했다.

인권이 보편적 성격의 권리임을 상기해 볼 때, 의사소통이 어렵다는 이유로 장애학생이 형사절차상의 자기 권리행사에서 쉽게 배제된다거나 충분한 지원을 받지 못하고 있는 현실은 국가기관이 소수자 인권을 어떻게 보장하고 실현해야 할지 더 깊이 고민해야 한다는 것을 시사한다.

2. 사례에 나타난 특수교사 인권 문제

본 사례에 나타난 특수교사 인권 문제의 심층면담 분석 결과는 다음과 같다.

첫째, 특수교사의 교육활동 침해 문제이다. 이것은 특수교사의 대다수가 교육활동 침해를 경험하고 있다는 여러 연구 결과에서도 잘 알 수 있다.[40] 교육활동 침해는 교사가 업무를 수행하고 학생을 지도하는 능력을 발휘하는 데 부정적인 영향을 미칠 수 있다.[41]

특수교사 T1은 장애학생의 신변처리 지원, 학급 물품 구매, 현장실습 등 학급 운영 전반과 관련해서 특수교육실무사와 갈등을 겪고 있었다. 이러한 갈등적 관계 속에서 특수교육실무사 PP2는 학기 초부터 일상적으로 특수교사 T1의 교육활동을 몰래 녹음해 왔고, 그 결과 특수교사의 교육활동은 침해되었다. 김주영(2017)[42]의 연구에 따르면, 특수교사와 특수교육실무사는 경계가 불분명한 업무와 책임 부재, 일방의 장기 근무로 인한 정보 편중, 선채용 후연수 체제로 인한 자질 검증 부재 등을 이유로 서로의 역할에 대한 갈등을 심하게 겪고 있다. 양경숙(2011) 외 다른 연구에서도 학교 현장에서 특수교사와 특수교육실무사 간의 갈등 수준이 첨예한 것을 알 수 있다.[43] 교육부나 교육청은 이러한 갈등이 발생하는 근본 원인을 파악해서 대안을 마련해야 한다.

또 일반학교 관리자나 일반교사의 경우 특수교육에 대한 인식이 부족하여, 특수교사가 일반학교 관리자로부터 지원을 받거나 일반교사의 지지를 얻는 데도 어려움을 겪고 있는 것을 알 수 있다. 이는 심광보(2012)와 정윤우(2014)의 연구[44]에서, 특수학급이 일반학교 내에 설치 운영될 경우 학교 관리자와 일반학급 교사들의 특수교육에 대한 인식 부족, 특수교육을 위한 교육 환경의 미비 등으로 특수교사가 어려움을 겪고 있다는 연구 결과로도 확인할 수 있다.

둘째, 특수교사의 인권 구제 기회의 상실 문제가 있다. 특수교사 T1의 사건에 대해서 국가인권위원회는 조사 중지 결정을 내렸다. 「국가인권위원회법」 제32조 제3항에 의하여 수사가 시작된 사건에 대해서 조사 중지 결정을 할 수 있다. 이 규정은 의무적으로 당연하게 조사를 중지하라는 것이 아니라 국가인권위원회가 판단해서 결정할 수 있다는 것을 의미한다. 특수교사 T1의 사례는 국가인권위원회에서 이미 사실조사까지 마친 사건이었고, 인권침해 여부가 이 사건의 향방을 결정짓는 핵심적인 쟁점이었다. 따라서 국가인권위원회는 이 사례의 사건에 대해서 적극적으로 대응했어야 했다. 이 사례는 국가인권위원회가 스스로 인권 해석에 관한 결정을 포기하거나 국가수사기관에 인권적 판단을 미루게 되면, 국가공권력을 마주하는 한 개인이 자신의 인권을 방어하고 보장받는데 어려워질 수 있음을 보여주는 사례이기도 하다. 앞으로 「국가인권위원회법」 개정을 통해서 사실조사가 끝난 진정 사건은 수사가 시작되더라도 반드시 판단하고 결정례를 남길 수 있도록 하고, 기각이나 각하된 사건일지라도 반드시 결정례를 남기고 공개하도록 법률을 개정하는 것이 필요하다.

또한 일반교사들은 사건이 발생하면 비장애 학생들의 진술을 확보할 수 있지만, 중도중복장애학생은 구어를 사용하여 의사소통하는 데 어려움이 있어 특수교사들은 사건 발생 시 중도중복장애학생들의 진술을 확보하기 어렵다. 특수교사들은 이에 대한 보완으로 CCTV 설치를 대안으로 제시하기도 하였다.[45] 그렇지만 CCTV만으로는 어떠한 상황에서 벌어진 일인지 모든 상황을 증명하기 어려울 수 있다. 이러한 결점을 기록으로 보완하는 것이 필요하다. 예를 들어, 개별화교육계획에 장애학생의 신변처리 지도나 지원과 관련해서 어떻게 할지에 대해서 학부모와 합의한 사항을 순서대로 작성하고 동의 서명을 모두 받는 방법, 장애학생 행동문제를 중재하는 경우 학교장의 결재를 받고 이 상황을 학부모에게 보고한 기록까지 문서로 남겨서 CCTV의 결점을 보완할 수 있는 조치들이 이루어져야 할 것이다.

셋째, 특수교사에 대한 범죄자 낙인으로 인한 정신적 피해 문제이다. 특수교사 T1은 한쪽의 주장을 일방적으로 보도한 언론 보도로 인해 이미 법적인 절차를 밟기도 전에 범죄자로 낙인찍혔다. 그 과정에서 특수교사는 자살을 시도할 정도로 심각한 인권침해에 노출되었다. 이 문제는 비단 이 사례에서만 나타나는 것은 아니다. 미디어 간 속보 경쟁의 과열로 오보를 발생하거나 인격권을 침해하는 경우가 늘고 있어 문제가 되고 있다.[46] 방송통신위원회는 언론사가 언론 보도의 원칙을 지키면서 공정 보도하도록 언론 환경을 형성하는 데 역할을 다해야 한다.

넷째, 특수교육적 맥락이 배제된 사법절차 및 징계절차 문제이다. 특수교사 T1 사례의 수사, 재판, 징계 과정에서 특수교육적 맥락이 배제된 것을 확인할 수 있었다. 특수교사 T1은 특수교육의 맥락과 상황이 고려되지 못한 채, 고발된 특정 시점의 행위 여부 그 자체만을 가지고 유죄 판단을 받았다. 특수교사나 특수교육실무사가 교육활동을 하다가 논란에 휩싸여 수사와 재판을 받게 될 경우, 특수교육적 맥락에 대한 고려가 불충분한 상태에서 수사와 재판이 진행된다면 특수교사나 특수교육실무사의 행위는 언제든지 범죄행위로 판단될 가능성이 있다. 이러한 상황을 개선하기 위해서는 무엇보다 특수교육 현장의 구조적 한계로 인해 인권침해 논란이 일어날 수 있다는 사실에 대한 사회적 관심이 우선 필요하다.

또한 특수교사나 특수교육실무사가 교육활동 중 일어난 일에 대해서 형사절차를 밟게 될 때, 특수교육적 맥락이 고려될 수 있는 형사절차에 대한 논의가 필요하다. 그 예로 검찰수사심의위원회를 의무적으로 열고[47]「국민의 형사재판 참여에 관한 법률」을 개정하여, 장애학생과 장애학생 학부모 및 특수교육계 인사가 위원과 배심원으로 일정 비율로 참여할 수 있도록 제도화할 필요가 있다. 더불어 징계 과정, 수사 과정, 재판 과정 등에서도 한국특수교육학회, 교원단체, 장애인단체 등으로부터 전문가 의견을 반영할 수 있는 절차를 마련하는 것이 필요하다. 또한 재판 과정에서 사실조회와 전문가 증인 채택이 더 적극적으로 이루어질 수 있도록 형사사법제도의 정비가 필요하다.

위와 같은 기관이나 단체에서는 사실조회 의뢰나 참고인 출석 요청이 왔을 때, 내부의 숙의 과정을 거쳐서 공식적인 의견이 반영되도록 하는 것이 중요하다. 왜냐하면 논란이 되는 장애학생 인권침해 사건에서, 전문 기관, 전문 단체, 전문가들의 사실조회나 참고인으로서의 증언은 해당 사건에 내재한 특수교육적 맥락을 해석해 주어 사건을 보다 다각적이고 입체적으로 이해할 수 있도록 해주기 때문이다. 이를 바탕으로 국가기관의 담당자들 즉, 수사기관이나 사법부가 사건에 대하여 공정한 법적 판단을 할 수 있도록 도울 수 있을 때, 전문가 그룹의 의견과 해석은 그 가치를 발휘할 수 있다. 따라서 전문가 그룹의 참여는 매우 중요하고, 신중하게 이루어져야 한다. 이러한 참여는 특수교사나 특수교육실무사 개인의 향후 삶을 결정지을 수 있을 정도로 큰 영향을 미칠 수 있다.

3. 사례에서 나타난 특수교육의 맥락적 특성

본 사례에서 나타난 특수교육의 맥락적 특성에 관한 심층면담 분석 결과는 다음과 같다.

첫째, 교육활동의 문제이다. 이 범주에서 나타나는 맥락적 특성은 행동수정 방법에 대한 시대적 관점의 전환과 신변처리 지도·지원 과정의 어려움이 인권 감수성 문제로 전환되는 것에 대한 우려로 나타났다. 예컨대 장애학생 행동지도 방식인 행동수정 방법 중에 '벌'을 사용하는 것이 오늘날 장애학생에 대한 인권침해와 아동학대로 인식되기 때문에 논란이 발생하고 있으며, 장애학생에 대한 신변처리 지도나 지원 과정상 불가피한 신체 접촉에서 인권 감수성 논란이 있다. 특수교사들은 열악한 지원 환경이 불러일으키는 행동수정 방법이나 신변처리 문제가 자신의 인권 감수성 문제로 비추어질 수도 있다는 사실에 정신적 스트레스를 겪고 있다.

장애학생에 대한 행동문제 지도와 관련하여, 2014년 서울시교육청[48]은 긍정적 행동지원에 대한 특수교사 재교육을 처음 시행하였다. 이러한 연수가 전국적으로 확대되어 현재는 교육청별로 긍정적 행동지원에 대한 연수를 시행하고 있다. 그러나 여전히 학교 현장에서는 행동수정 방법 중에 '벌'을 사용하여 행동지도를 하는 경우가 있다는 것을 확인할 수 있었다. 오늘날 긍정적 행동지원은 팀으로 접근하여 장애학생의 행동문제에 대해 지원하고 책임을 분담하는 방식으로 이뤄진다. 그럼에도 김민제(2019)와 이도은(2014) 외의 연구 결과[49]에 따르면, 장애학생의 공격적인 행동을 지도하면서 특수교사들이 스트레스를 받고 있고 개선되지 않는 상황에 대해서 어려움을 호소하고 있는 것을 확인할 수 있다. 이러한 문제를 해결하기 위해서 교육부는 2023년 12월에 '장애학생 행동중재 가이드라인'을 발표했다. 하지만 장애학생의 행동문제가 발생하는 근본적인 원인을 해결하는 것이 중요하다. 전국 교육청에 시·도특수교육원을 설립하고 시·도특수교육원에서 행동중재 담당, 행동중재 전문 교사 양성 등의 역할을 할 수 있도록 법을 개정하는 것이 필요하다.

신변처리 지도와 지원에 관련해서는 두 가지 다른 인식이 존재한다. 즉, 신변처리 활동이 중도중복장애학생의 교육권을 보장하는 전제 조건으로서 교육적인 기초 활동이라고 보는 인식과 반대로 학교 수업 시간에 이루어지는 신변처리 활동이 오히려 교육활동을 방해한다는 인식도 존재한다. 따라서 학교 현장의 제한된 인적, 물적 환경에서 신변처리 활동을 언제, 누가 담당해야 하는가는 여전히 딜레마로 남을 수밖에 없다.[50] 그러나 학교 현장에서 신변처리 지원과 지도에 있어서 인권 논란이 빈번하게 발생하고 있고, 이 문제가 특수교

넷

사가 학교 현장에서 겪는 갈등 중에서 큰 비중을 차지하고 있다는 점에서 특수교사가 개별화교육을 구현해 낼 수 있는 환경을 조성하는 데 목표를 두고, 신변처리 지도와 지원 전담 인력을 배치하는 실질적인 교육지원이 필요하다.[51]

둘째, 학교 현장의 문제이다. 이 범주에서 나타나는 맥락적 특성은 그동안 학교 현장에서 해결 방안에 대한 요구가 많았던 문제들이 여전히 존재한다는 것이다. 김우현(2011) 등의 연구[52]에 따르면 학급당 인원 감축, 특수교육지원인력 배치, 수업 이외의 잡무 배제, 행동문제 중재 교원 연수 등의 요구가 학교 현장에서 오랫동안 해결되지 않고 있다는 것을 확인할 수 있다. 이에 더해 학교 현장에서는 중도중복장애학생들이 증가하고[53] 있음에도 교육적 지원 대책이 부족한 것으로 나타났다. 학교 현장의 시급한 요구들이 개선되지 않는다면, 장애학생의 인권침해가 발생할 가능성은 더 커지고, 특수교사가 가해자로 지목될 수밖에 없는 환경과 구조도 지속될 수밖에 없다. 이러한 문제를 해결하기 위해 교육부는 「장애인 등에 대한 특수교육법」 개정을 통해, 학급당 학생 수를 줄이고, 교육과 지원을 종합적으로 판단해서 장애학생을 적합하게 배치해야 하며, 학교가 이를 실행하지 않을 시 장애학생에 대한 교육권 침해로 판단하고 조치할 수 있는 법률 조항을 추가하여 개정해야 한다.

셋째, 행정적 문제이다. 이 범주에서 나타나는 맥락적 특성은 문제 해결을 위한 리더십 발휘를 제한하는 행정 구조, 학교 현장의 문제 해결 시스템의 부재로 나타났다. 다시 말해 학교장이 리더십을 발휘하기 어려운 환경과 구조에 놓여있다. 이러한 문제를 개선하기 위해 승진 제도 및 학교 관리자 평가 구조를 개선하는 것이 필요하다. 학교 관리자는 승진이나 심사에 있어 교육부나 교육청의 평가에 신경 쓸 수밖에 없다. 교감이 학교장으로 승진하기 위해선 학교장의 근무 평가에서 벗어날 수 없고, 승진과 상관없는 학교장일지라도 중임 심사나 교육 환경이 열악한 지역으로 발령받을 수 있으므로 교육청의 근무 평가에서 자유로울 수 없다. 서정화(2002)[54]는 이러한 교육행정의 환경에서 학교가 달라지기 위해서는 시대적인 변화에 능동적으로 부응하여야 하며, 학교 경영자의 리더십 발휘가 요청된다고 하였다. 즉, 교육에 대한 비전을 품고, 포용적이며 개방적인 자세로 긍정적이고도 종합적 시각과 함께 열정과 헌신을 가지고 이끌어가는 것이 필요하다고 지적한다. 이처럼 학교에서 발생한 인권침해 사안을 해결하고 중재하는 데에는 학교 관리자의 리더십이 중요하고, 그에 따라 특수교육 맥락을 반영한 문제해결 시스템의 도입이 필요하다.

넷

4. 장애학생과 특수교사의 인권침해 예방 방안

본 사례에서 살펴본 장애학생과 특수교사의 인권침해 예방 방안에 관한 논의는 다음과 같다.

첫째, 교육부와 교육청에 장애학생과 특수교사를 위한 인권옹호센터 설치가 시급하다. 전담 인력을 확대 배치하여 실질적인 권리 구제와 예방 역할을 할 수 있도록 해야 한다.[55]「특수교육연차보고서(2023)」[56]에 따르면 국립특수교육원은 전국 200개의 장애학생 인권지원단을 지원하고, 장애학생 인권침해 유형 분석 및 우수사례 등을 취합하고 있다. 하지만 교육부나 국립특수교육원 홈페이지에서는 우수 지원 사례를 찾아보기가 어려우며, 교육부나 국립특수교육원 장애학생 인권보호 전담 인력이 진로·직업 등의 업무를 병행하고 있는 것을 확인할 수 있다. 교육청의 인권지원단의 경우, 특수교사가 인권지원단에 사건을 의뢰하면 오히려 특수교사가 사건을 처리하고 보고서까지 작성해서 특수교육지원센터 인권지원단에 제출하기도 한다. 현장 인권침해 실태점검이라는 명목으로 특수교사가 보고서를 작성해서 제출하는 사례도 있다. 이러한 시스템을 개선하기 위해서는, 중앙장애인권익옹호기관[57]을 벤치마킹하여, 교육부와 교육청 차원의 인권옹호센터를 설치하고 전담 인력을 확대해서 상담 접수, 사실조사, 중재, 법률적 지원, 상담사례집 발간, 토론회 개최, 인권침해 예방 연수, 인권침해 예방과 관련된 연구 등을 하는 것이 필요하다. 전국의 시·도교육청별로 시·도특수교육원을 설립하여 시·도특수교육원에서 인권옹호센터를 운영하는 것도 현실적인 방안이라고 생각한다. 이러한 활동을 수행하는 데 있어서 일정한 경력 교사들의 특수교육에 대한 열정을 현장에서 잘 활용하는[58] 것도, 좋은 대안이 될 수 있을 것이다.

둘째, 장애학생과 특수교사를 위한 인권 옹호 가이드라인을 만드는 것이 필요하다. 위에서 논의한 바와 같이 특수교사가 장애학생을 지도하는 과정에서 발생하는 인권침해 문제를 예방하기 위해서는 교육부의 '장애학생 행동중재 가이드라인'을 확대해 실시하고, 학급당 학생 수 감축 등의 근본적인 개선이 함께 이루어져야 할 것이다. 전국의 교육청에 시·도특수교육원을 설립하여 행동중재 업무를 담당하는 것이 필요하다. 신변처리 지원과 지도도 장애학생의 장애 유형에 따라서는 생명과 직결되는 중요한 문제임과 동시에 특수교사나 특수교육실무사에게는 어려운 문제일 수 있다. 이에 신변처리 지원과 지도와 관련해서 인권 가이드라인 개발 및 보급, 전담 인력 배치, 간호사와 같은 건강지원 인력 배치, 호이스트hoist 설치, 유아용 및 성인용 기저귀 교환대와 관련 용품 등

넷

이 구비된 공간이 설치될 수 있도록 「장애인 등에 대한 특수교육법」 개정 등[59]이 필요하다.

셋째, 특수교사의 자율권 강화이다. 도경만(2015)[60]은 국공립 특수교사 422명 중에서 283명(67.1%)이 수업 시수 과다로 수업권이 침해당하고 있다고 인식하고 있으며, 수업 시수 축소를 요구하는 목소리가 177명(41.9%)으로 나타나 특수교사의 교육과정 운영권이 침해당하고 있다는 것을 지적하였다. 유네스코UNESCO[61]는 교사의 권리로서 책임을 완수할 수 있는 권리와 권한의 부여, 특별히 전문직으로서 자율권 보장을 강조하고 있다. 특수교사의 수업 자율권을 강화하기 위해서는 수업 시수에 대한 교사 재량권이 부여되어 교육과정 운영의 실질적 권한을 특수교사가 가질 수 있도록 해야 한다. 이러한 권한을 실질적으로 담보하기 위해서는 「장애인 등에 대한 특수교육법」을 개정할 필요가 있다.

넷째, 특수교사의 인권 옹호 역량 강화가 필요하다. 특수교사가 자신의 인권을 잘 이해하고 옹호하기 위해서 인권 감수성을 키워야 한다. 또한 특수교사가 알고 있어야 할 권리나 법률 상식에 대해 지식을 갖추어야 한다.[62] 특수교사의 인권 옹호 역량이 강화되는 것은 교사 자신의 인권을 스스로 지키는 것이며, 그렇게 될 때 장애학생의 인권도 포용하는 태도를 형성할 수 있다. 특수교사 양성 과정이나 특수교사 재교육에서도 특수교육 철학에 대한 교육이 필요하다. 이를 위해서는 신현기(2014)[63]의 연구에서 제시하고 있는 바와 같이 교사로 하여금 '무엇이 될 것인가Becoming'의 너머에 '무엇을 할 것인가Doing'가 있고, 그 너머에 '어떻게 존재할 것인가Being'를 알게 하는 철학적 기저를 가진 특수교사 교육 연구가 이루어져야 할 것이다. 그리고 한경근(2014)[64]이 지적하듯 '특수교육이란 무엇인가', '특수교육의 특수성은 어디에서 오는 것인가'라는 근본적인 질문에 대한 논의의 장이 형성되어야 한다.

다섯째, 승진 제도 및 학교 관리자 평가 구조의 개선이다. 학교에서 장애학생 인권침해 사례나 이로 인한 학부모의 민원, 특수교육실무사와 갈등이 발생했을 때 관리자가 리더십을 제대로 발휘하지 못하는 이유는 결국 승진 제도 및 학교 관리자 평가 구조의 문제와 연결되어 있기 때문이다. 인사권을 갖고 있는 교육청의 눈치를 보느라 무사안일, 복지부동의 자세로 학교를 운영하려는 학교 관리자들의 경향은 그동안 우리나라 교사 사회에서 비판받아 왔다. 비록 교육청의 통제에 자유롭지 못한 학교 관리자들일지라도 학교에서 갖고 있는 실제 권한은 막강하다. 이는 학교 관리자가 자신의 승진 또는 평가에 어떤 의미와 무게를 두고서 학교를 운영하는가에 따라서 리더십의 유형과 역량이 다르게 나타날 수 있다는 것을 의미한다. 따라서 최선옥 외(2016)[65]의 연구에서 승

학교 현장의 시급한 요구들이
개선되지 않는다면, 장애학생의 인권침해가
발생할 가능성은 더 커지고,
특수교사가 가해자로 지목될 수밖에 없는
환경과 구조도 지속될 수밖에 없다

진 가산점 제도가 교원의 역량과 학교 관리자로서 필요한 역량을 위한 것이 아닌 교육정책을 위한 가산점이라고 비판하고 있듯이, 승진 점수 경쟁을 통하여 학교 관리자를 임용하는 방식을 지양하고 다양한 방식으로 임용하거나 학교에서 선출하는 방식으로 전환할 필요가 있다. 공모형 교장 확대나 교장 보직 선출제 방식으로 전환하는 것이 현실적으로 어렵다면 교장·교감 평가 항목에 교사와 학생의 인권을 지키기 위해서 어떠한 노력을 하였는지에 대한 평가가 상당한 비중으로 포함될 수 있도록 평가 항목이 추가되어야 한다. 또한 일반학교 관리자의 자격연수나 직무연수에서 장애학생에 대한 인권 감수성이나 특수교육에 대한 이해를 실제적으로 다루는 것이 필요하다.

넷

상호 주관적 인정과 인권 친화적 교육환경 조성을 위한 제언

⌛

 이 사례 연구를 계기로 인권침해가 벌어질 수 있는 환경에 노출된 상황에서 신변처리 지도와 지원, 행동지도와 지원을 어떻게 인권 친화적인 방법으로 할 것인지에 대한 근본적인 논의가 본격적으로 시도되기를 기대한다. 실제적인 대안이 마련되어야만, 학교 현장에서 장애학생과 특수교사의 인권이 조화롭게 구현될 수 있을 것이다. 본 사례의 심층면담 결과를 바탕으로 장애학생 및 특수교사의 인권침해 예방을 위하여 다음과 같이 제언하고 싶다.
 첫째, 장애학생 및 특수교사 인권옹호센터의 조직과 역할에 관한 후속 연구가 수행되어야 한다. 기존의 중앙장애인권익옹호기관을 벤치마킹하여, 장애학생과 특수교사의 인권침해 사례에 대한 권리 구제 및 예방적 활동을 일원화할 필요가 있다. 특수교육의 특수성은 인권침해가 발생하기 쉬운 환경과 구조의 위험성을 내포하고 있다. 이로 인해 장애학생과 특수교사, 특수교육실무사 모두 인권침해 피해자가 될 수 있는 상황에 놓여있다. 이러한 사항을 개선하기 위해서 실질적인 권리 구제 기능과 예방적 기능을 할 수 있도록 전담 인력이 배치된 기구가 설치되어야 한다.[66] 인권옹호센터의 정당성과 실효성을 확보하기 위해서는 「장애인 등에 대한 특수교육법」 개정을 통해 관련 내용을 포함할 필요가 있다.

둘째, 특수교사들은 장애학생 신변처리 지도와 지원, 장애학생 행동지도와 지원에 대한 어려움을 호소하고 있다. 특수교사직을 수행하는 일은 이러한 지도나 지원 과정에서 성범죄자나 아동학대범으로 몰릴 수 있는 매우 위험한 일이기도 하다. 실제로 학교 현장에서 ○○학교 특수학급의 특수교사 사례나 다른 특수학교의 사례처럼 특수교사가 아동학대범이 되거나 성범죄자가 되어, 직업을 잃고 명예도 잃게 됨으로써 사회적으로 사형선고[67]와 마찬가지인 판결을 받고 있다. 아동학대 혐의로 신고된 후 사법절차에 따라 범죄자가 되거나 무혐의 처분을 받더라도 심각한 후유증에 시달리는 특수교사들이 적지 않다. 이러한 문제점을 개선하기 위해서 장애학생에 대한 신변처리 지도와 지원, 장애학생 행동지도와 지원을 어떻게 할 것인지 실질적인 대안 마련을 위한 후속 연구

넷

가 필요하다. 또한 특수교육 현장에서 일어난 일에 대해 바로 경찰에 신고하여 형사 사건으로 가기 전에 특수교육적인 맥락에서 사건을 바라보고 중재할 수 있는 기구가 필요하다. 기존의 언론중재위원회, 한국의료분쟁조정중재원 등을 벤치마킹하여 특수교육중재위원회나 특수교육분쟁조정중재원과 같은 특수교육 분쟁을 중재할 수 있는 기구에 관한 후속 연구도 필요하다.

셋째, 특수교사가 인권 감수성을 발휘하는 데 있어서 특수교육 환경이 어떠한 영향을 미치는지 후속 연구가 필요하다. 오늘날 특수교사들은 의무적으로 매년 인권 교육을 받고 있다. 그러나 학교 교육 현장에서 장애학생 인권침해 논란은 계속 발생하고 있다. 따라서 이러한 의무교육이 실제 인권 감수성을 높이고 있는지, 인권 감수성의 발휘 여부 및 인권 감수성의 수준과 학교 환경 간의 관계를 규명하는 연구가 필요하다. 또한 인권 교육 내용에 대한 실태를 파악하여 질적으로 변화를 모색하는 것도 중요하다.

넷째, 교육부 차원에서 특수교사 인권침해 실태 연구가 필요하다. 지금까지 장애학생 인권침해 실태 연구[68]는 정부기관 주도로 이뤄졌지만, 특수교사 인권침해 실태를 명시한 연구는 찾기 어렵다. 특수교사가 학교 현장에서 겪고 있는 인권 문제 전반에 대하여 전국적인 실태조사가 이루어져야 한다.

다섯째, 인권 달성의 궁극적인 목적인 인간존엄성을 실현하기 위해서 장애학생, 특수교사, 학부모, 특수교육실무사 모두 도덕적 인격체로 상호 인정하는 것이 중요하다. 상호 주관적 인정이 중요한 것은, 때론 확정적이고 가시적인 인권침해보다 불확정적이고 모호하지만 분명히 존재하는 불의와 차별, 모순이 더 큰 고통을 유발하기 때문이다.[69] 특수교육 주체들의 상호 주관적 인정을 통해 인권 친화적인 특수교육 현장이 될 수 있기를 바란다.

닫는 글

이 책을 통해 학교 특수교육 주체들의 존엄성 존중과 상호 주관적 인정을 바탕으로 인권 친화적인 교육 환경이 되도록 기여하고 싶었다. 상호 주관적 인정이란 어려운 일이다. 하지만 우리 모두 존엄성을 가진 사람이란 걸 마음속 깊이 새기다 보면 한 걸음씩 뒤돌아보고 다시 나아갈 수 있다고 생각한다. 인식과 제도 개선과 더불어 장애학생, 특수교사, 학부모(양육자), 특수교육지원인력(특수교육실무사·특수교육지도사), 학교 관리자 등 학교 구성원이 상호 주관적 인정에 기반해, 어렵지만 서로 신뢰하고 소통하며 협력을 중시하는 문화를 만들어 가면 좋겠다.

특수교사의 장애학생에 대한 교육활동은 일반교육과 다른 맥락적 특성이 존재한다. 장애학생에 대한 신변처리 지원이 교육의 전제이자 교육활동의 일부이기 때문이기도 하다[70]. 2022년 영유아·초·중·고·전공과 과정에 재학 중인 장애학생

①

(학부모 등 대리응답 가능), 특수교사 및 특수교육지원인력이 참여한 장애학생 신변처리 지원 실태조사 결과에 따르면 장애학생의 50% 정도가 신변처리 지원이 필요한 것으로 나타났다[71]. 특수교육 현장에서의 교육활동은 장애차별 또는 인권침해로 오인될 소지가 크고, 실제로 차별과 침해가 일어나기도 한다.

 이에 장애학생과 특수교사의 인권을 보장하고 차별과 인권침해를 예방하는 방안을 몇 가지 덧붙여 제안하고 싶다. 먼저 특수교사 양성 과정에서 장애학생, 특수교사 및 특수교육지원인력에 대한 인권 과목을 필수 과목으로 신설할 필요가 있다. 즉,「세계인권선언문」,「대한민국헌법」,「교육기본법」,「교원의 지위 향상 및 교육활동 보호를 위한 특별법」,「장애인 등에 대한 특수교육법」,「아동복지법」,「아동학대범죄의 처벌 등에 관한 특례법」,「학교폭력예방 및 대책에 관한 법률」,「장애인차별금지 및 권리 구제 등에 관한 법률」, UN「장애인의 권리에 관한 협약」, UN「아동의 권리에 관한 협약」, 「살라만카선언문」, 유네스코UNESCO와 국제노동기구ILO의「정부 간 특별회의의 교사의 지위에 관한 권고」 등에 대한 교육이 필요하다. 더불어 국가인권위원회, 국민권익위원회, 중앙장애인권익옹호기관 등과 같은 인권 옹호 및 권리 구제 등의 활동을 하는 기관에 관한 교육도 필요하다.

    이 책의 사례처럼 학교 현장에서 사건이 발생했을 때 특수교사가 경위서를 작성해야 하는 경우가 있는데, 특수교사이든 일반교사이든 경황이 없고 심리적으로 위축된 상황에서 엄밀하지 못하게 작성된 경위서는 나중에 교육청 징계 또는 법적인 절차에서 불리하게 작용할 수 있다는 것을 인식해야 한다. 복잡하고 다층적인 배경이 있는 사건일수록 교사 본인의 경위서는 법조인의 지원을 받으며 신중하고 명확하게

닫는 글

작성될 필요가 있다. 교육활동 중에 교사 또는 교직원이 장애학생 인권을 침해했다고 의심된다면, 수사기관에 아동학대로 곧바로 신고하기 전에 학교와 교육청에서 해결할 수 있는 충분한 민주적인 절차가 마련되어야 한다. 사건처리의 객관성을 확보하기 위해서 외부 민간 위원 등이 포함된 교육청 특수교육지원센터 인권지원단을 활용하는 것도 방법이라고 생각한다. 학교 특수교육 현장의 현실적인 큰 괴로움은 교육활동과 관련하여 민원성 갈등이나 생각과 관점의 차이로 발생한 갈등이 충분한 교육적 중재 없이 아동학대로 고소·고발되어 형사 사건화되는 일이다. 이러한 성격의 사건이 국가수사기관의 형사사건 처리로 진행될 경우, 특수교육의 맥락 속에서 파악해야 할 상황이나 교육적 중재 가능성 자체가 증발될 위험성이 있다.

이 책에서 살펴본 사례는 특수교사가 교직을 박탈당한 극단적인 사례다. 이 사례에서 문제가 되어 교직 박탈까지 이르게 된 교육활동은 특수교육 현장에서 일상적으로 하고 있는 교육활동이다. 앞으로 이러한 일이 반복되지 않기 위해서는 특수교육 현장에서의 교육활동이 장애학생뿐만 아니라 특수교사와 특수교육지원인력(특수교육실무사·특수교육지도사), 학부모(양육자) 등이 서로의 존엄성을 존중하는 가운데, 무엇이 그리고 어디까지가 교육활동인지 그 내용과 범위를 합의하는 것이 필요하다.

　미국 지적장애 및 발달장애협회AAIDD[72]에서는 "비인간화, 사회적 비하, 사회적 고립, 언어폭력, 연령에 맞지 않는 기

닫는 글

술, 목표 행동에 대한 관련성이 낮은 대우를 통한 개인의 비인간화는 장애가 있든 없든 똑같이 용납될 수 없다"라는 입장문을 밝힌 바 있다. 비슷한 맥락으로 특수교육 현장의 열악함과 위험성에 대한 인식에서 인권침해 문제를 예방하기 위해 "장애학생 신변처리 지원에 관한 인권 가이드라인" 초안이 개발됐다.[73] 이 가이드라인은 장애학생 뿐만 아니라 신변처리를 지원하는 특수교사와 특수교육지원인력 모두의 인권을 지키기 위한 관점에서 기술되었다. 이 가이드라인이 밑거름이 되어 장애학생 신변처리 지원에 관한 매뉴얼 또는 가이드라인이 교육부 차원에서 개발되어 전국의 학교에 배포되고 실질적인 교육과 연수가 이루어지길 희망해 본다.

(용어 설명)

개별화교육계획[74]

특수교육대상자 개인의 장애유형과 장애 특성을 고려하여 교육목표, 교육방법, 교육내용, 특수교육 관련서비스 등이 포함된 계획을 수립하여 실시하는 교육이다. 개별화교육을 위한 교육 계획은 학기마다 개별화교육지원팀이 작성한다. 일반학교에서 통합교육을 받는 대상의 경우, 개별화교육지원팀에는 특수교육교원, 일반교육교원, 진로 및 직업교육 담당 교원, 특수교육 관련서비스 담당 인력, 보호자 등이 팀의 구성원이 될 수 있다.

교권[75]

「교육공무원법」 제43조 제1항에서는 "교권은 존중되어야 한다"는 원칙이 있으며 법에서 명시적으로 '교권'이라는 용어를 언급하고 있다. 또한 상위법인 「교육기본법」에서 학교 교육에서의 교원의 전문성을 존중할 것과 지위 우대 등에 관한 원칙을 규정하고 있다. 교권은 법상 보장되는 권리이며 법상 인정되는 교권의 내용에는 수업과 평가를 주축으로 하는 교육권과 교원의 신분을 보장하고 우대하는 내용이 포함된다.

도전적 행동

도전적 행동은 일반적으로 자신이나 타인에게 해가 되는 행동을 말한다. 도전적 행동은 행동을 문제로 규정하기 보다는 도전적 행동의 의미를 찾고 행동을 적절하게 지원하는 데 초점을 둔 것이다.[76] 도전적 행동이라는 용어와 함께 행동문제, 문제행동, 부적응 행동, 위기행동 등도 사용하고 있다.

발달장애인

「발달장애인 권리보장 및 지원에 관한 법률」 제2조에서 발달장애인은 「장애인복지법」 제2조 제1항의 장애인으로서 지적장애인, 자폐성장애인과 그 밖에 통상적인 발달이 나타나지 아니하거나 크게 지연되어 일상생활이나 사회생활에 상당한 제약을 받는 사람으로서 대통령령으로 정하는 사람을 말한다.

신변처리 지원[77]

신변처리 지원은 대소변지원, 식사지원, 탈착의지원, 건강지원을 의미한다. 장애학생 신변처리 지원은 교육의 전제인 동시에 교육의 시작이다.

심리안정실[78]

심리안정실이란 위기행동 감소 및 심리적 안정을 지원하기 위해 대안적 교육장소로 설계된 공간으로, 학생의 안전을 기반으로 하는 독립공간으로 설치하며, 심리적 안정 및 관찰 공간과 행동지원을 위한 다양한 감각 활용 교구 등으로 구성한 특별교실을 말한다.

인권[79]

인권Human Rights이란, 인간이라면 누구나 가지는 권리, 인간으로서의 존엄과 가치를 유지하면서 살기 위해 반드시 달성되어야 하는 권리이다. 모든 사람은 단지 인간이기 때문에 존엄하고 사회적 지위, 인종, 성, 국적, 다른 어떤 사회적 지위의 표시에 상관없이 사람은 존엄성을 가진다.

일반교사

일반교사는 교원 양성과정을 거쳐 교원 자격을 취득한 후 일정한 임용절차에 따라 임용된 교사를 말한다. 특수교육에서는 특수교사가 아닌 유치원·초등학교·중학교·고등학교 과정의 교사를 일반교사라고 호칭한다.

전공과

전공과는 「장애인 등에 대한 특수교육법」 제24에 따라 고등학교 과정을 졸업한 특수교육대상자에게 진로 및 직업교육을 제공하기 위하여 수업연한 1년 이상의 전공과를 설치·운영할 수 있다. 일반적으로 특수학교 고등부 졸업 후 특수학교 전공과 과정을 1년~3년 정도 다닌다. 고등학교나 전문대학 등에도 전공과가 설치된 경우가 있다.

전보

전보는 「교육공무원법」 제2조 제9항 따라 "교육공무원이 같은 직위 및 자격에서 근무기관이나 부서를 달리하여 임용하는 것"이라고 정의하고 있다. 전보는 근무지 혹은 근무학교만을 변경하는 것을 말한다.

중도중복장애[80]

중도severe의 지적장애를 수반하고 인지, 운동, 감각, 행동 등의 영역에서 중복multiple으로 한 가지 또는 그 이상의 장애가 있는 경우를 말한다. 이 경우 교육적 성취를 위해 강도 높은 지원이 필요하고, 사회 참여와 자립 생활을 하려면 사회적·심리학적·의학적 측면 등에서 특별히 고안된 지원이 지속적·전반적으로 필요하다.

통합교육[81]

특수교육대상자가 일반학교에서 장애유형·장애정도에 따라 차별받지 않고 또래와 함께 개인의 교육적 요구에 적합한 교육을 받는 것을 말한다(「장애인 등에 대한 특수교육법」 제2조 제6항). 모두를 위한 교육education for all이 강조되는데, 여기에서 '모두'는 비장애학생과 장애학생은 물론 언어와 민족, 인종과 종교 또는 사회·경제적 지위나 문화적 차이로 사회적 불이익을 받거나 주변인의 위치에 있는 학생 모두를 포함한다.

통합학급[82]

「장애인 등에 대한 특수교육법」 제2조 제11의 2호에 따라 "통합학급"이란 특수교육대상자와 또래 일반학생이 함께 편성된 학급을 말한다.

특수교사

「장애인 등에 대한 특수교육법」 제2조 4호와 「초·중등교육법」 제2조 4호에 근거한 정식 명칭은 "특수교육교원"이다. 특수교육교원은 특수학교 교원자격증을 가진 자로서 특수교육대상자의 교육을 담당하는 교원을 말한다. 일반적으로 학교에서 특수교사라고 부른다. 「장애인 등에 대한 특수교육법」 시행령 제22조에 따라 특수교사는 특수교육대상자 4명마다 1명씩 배치하도록 하고 있다.

특수교육대상자

"특수교육대상자"란 「장애인 등에 대한 특수교육법」 제15조에 따라 특수교육이 필요한 사람으로 선정된 사람을 말한다. 특수교육대상자 유형에는 시각장애, 청각장애, 지적장애, 지체장애, 정서·행동장애, 자폐성장애(이와 관련된 장애를 포함한다), 의사소통장애, 학습장애, 건강장애, 발달지체, 그 밖에 두 가지 이상의 장애가 있는 경우 대통령령으로 정하는 장애를 포함한다. 이처럼 특수교육대상자는 장애인복지법의 장애인과는 선정 및 장애 유형이 다르다. 일반적으로 장애학생이라고 부르지만, 법적인 명칭은 특수교육대상자이며 등록장애인이 아닌 경우에도 특수교육이 필요한 사람은 선정하도록 되어 있지만 지금은 등록장애인 중심으로 선정되고 있다.

특수교육지원인력

특수교육대상자가 학교생활을 원활하게 할 수 있도록 교사의 지시에 따라 여러 지원을 제공하는 지원인력이다. 「장애인 등에 대한 특수교육법」 제28조 제3항의 특수교육 관련서비스에 따르면, 각급 학교의 장은 특수교육대상자를 위하여 지원인력을 제공할 수 있도록 지원하여야 한다. 같은 법 시행규칙 제5조에는 지원인력이 교사의 지시에 따라 교수학습 활동, 신변 처리, 급식, 교내외 활동, 등하교 등 특수교육대상자의 교육과 학교 활동에 대하여 보조 역할을 담당하도록 하였다. 지역에 따라 특수교육실무사, 특수교육지도사 등으로 호칭하기도 한다.

특수학교

특수학교는 유아교육법 제15조, 초·중등교육법 제55조에 따라 신체적·정신적·지적 장애 등으로 인하여 특수교육이 필요한 사람에게 유치원, 초등학교·중학교 또는 고등학교에 준하는 교육과 실생활에 필요한 지식·기능 및 사회적응 교육을 하는 것을 목적으로 하는 학교를 말한다. 일반적으로 유치원·초등학교·중학교·고등학교·전공과 과정이 함께 있거나 유아특수학교만 있는 경우도 있다.

특수학급[83]

특수교육대상자에게 통합교육을 실시하기 위해 일반학교에 설치한 학급이다. 고등학교 이하의 각급 학교에 설치하며, 아동의 능력 등을 고려하여 전일제, 시간제, 특별지도, 순회교육 등으로 운영한다. 현재 우리나라에서 가장 보편적으로 운영되는 유형은 시간제 부분통합의 특수학급 형태이다. 「장애인 등에 대한 특수교육법」 제27조 제1항 제1호, 제2호, 제3호에 따라 유치원 과정의 경우 특수교육대상자 4인 초과 시 2개 이상의 학급을 설치, 초등학교·중학교 과정의 경우 특수교육대상자가 6인 초과 시 2개 이상 학급 설치, 고등학교 과정의 경우 특수교육대상자가 7인 초과 시 2개 이상 학급을 설치하도록 되어 있다. 제27조 2항에 따르면, 두 가지 이상의 장애를 지니면서 장애의 정도가 심한 특수교육대상자가 배치된 학급의 경우에는 2분의 1의 범위에서 학급 설치 기준을 하향 조정할 수 있도록 하고 있다.

호이스트 hoist [84]

장애인 등을 들어서 옮겨주는 용도로 사용되는 보조기기를 말한다.

학교 관리자

학교 관리자는 교장과 교감을 말한다. 교장은 유치원·초등학교·중학교·고등학교·특수학교 교무를 통괄하고 소속직원을 감독 및 지도하여 학생을 감독하는 교장을 말한다. 교감은 유치원·초등학교·중학교·고등학교·특수학교 교무를 관리하고 학생을 교육하며 교장의 부재 시 직무를 대리한다.

활동지원사[85]

「장애인활동 지원에 관한 법률」에 따라 활동지원기관에 소속되어 장애인의 일상생활과 사회생활을 지원하는 사람을 말한다.

행동수정[86]

행동의 후속 결과를 변화시키는 절차나 행동을 유발하는 자극의 조건(환경)을 변화시키는 것에 관한 용어로서, 바람직한 행동으로의 변화를 유도하기 위하여 사용되는 모든 방법이나 절차를 통칭한다. 행동수정은 일상생활이나 학습 영역에까지 널리 적용될 뿐만 아니라 동시에 개인의 환경을 변화시킬 수 있는 지원책이 되기도 한다. 문제 행동에 대한 정의, 행동 분석을 위한 평가, 다양한 행동수정 기법에 대한 지식과 윤리적 의식 등이 갖추어진 전문가 혹은 준전문가에 의해 행동수정이 실행될 필요가 있다.

(주)

1 「"○○○ 아들 교사 유죄 판결, 장애인 통합교육 후퇴시켜"」, 『뉴시스』, 2024.2.02.
2 「'○○○ 아들' 사건 특수교사 이어 검찰도 항소」, 『한겨레』, 2024.2.07.
3 「교단 분노에 '교권4법' 국회 통과…무너진 교권 다시 세운다」, 『연합뉴스』, 2024.9.27.
4 교육부(2023). 학생·교원·학부모가 상호 존중하는 교권 회복 및 보호강화 종합방안. 세종: 교육부.
5 교육부(2024). 2024년, 새롭게 달라지는 교권 보호 제도. 세종: 교육부.
6 「2024년, 2024년 신학기부터 교권 보호 제도 새롭게 시행」, 『한국강사신문』, 2024.2.28.
7 교육부(2023). 장애학생 행동중재 가이드라인. 세종: 교육부.
8 Thoreau, Henry David. (1849). *One the Duty of Civil Disobedience*. Elegant Ebooks. 강승원 역(1999). 시민의 불복종. 서울: 이레
9 조효제(2016). 인권을 찾아서. 경기: 한울.
10 조효제(2017). 인권의 지평. 서울: 후마니타스.
11 임재홍, 권혜령, 류은숙, 염형국(2020). 인권법. 367-392, 서울: 한국방송통신대학교출판문화원.
12 이혜영(2020), 장애학생 인권침해 논란 과정과 교사의 인권 문제에 관한 사례연구. 미간행 박사학위 논문, 단국대학교 대학원, 경기.
13 「소외 받는 장애아 아동…실질적 교육권 보장해야」, 『쿠키뉴스』, 2023.11.03.
14 「장애계, "교육소외 장애인 교육권 보장 서둘러야"」, 『소셜포커스』, 2023.7.14.
15 「"살해 후 자살 그만" 발달장애인 부모 600명 오체투지」, 『비마이너』, 2023.6.15.
16 대한민국 법원 판결서 인터넷 열람, https://www.scourt.go.kr
17 대한민국 법원 판결서 인터넷 열람, https://www.scourt.go.kr
18 대한민국 법원 판결서 인터넷 열람, https://www.scourt.go.kr
19 인권교육센터'들'(2008). 인권의 의미와 원칙, 인권교육강사양성워크숍 자료집. 서울: 인권교육센터'들'.
20 Nettelbeck, T., & Wilson, C. (2002). Personal vulnerability to victimization of people with mental retardation. *Trauma, Violence, & Abuse,* 3(4), 289-306. ; Sullivan, P. M., & Knutson, J. F. (2000). Maltreatment and disabilities: A population-based epidemiological study. *Child Abuse and Neglect,* 24(10), 1257-1273. ; Cappadocia,

M. C., Weiss, J. A., & Pepler, D. (2012). Bullying experiences among children and youth with autism spectrum disorders. *Journal of Autism and Developmental Disorders*, 42(2), 266-277. 이정은, 구정아(2019). 통합교육현장에서의 장애학생 인권현황과 인권존중을 위한 요건 탐색. 특수교육학연구, 54(2), 157-182. 에서 재인용.

21 김민제(2019). 특수학교 교원의 교권침해 실태와 개선방안에 대한 연구. 미간행 석사학위 논문, 고려대학교 교육대학원, 서울. ; 김재철(2010). 발달장애학생의 폭력·공격성 행동에 대한 특수교사의 인식 및 대처방식. 미간행 석사학위 논문, 대구대학교 특수교육대학원, 대구. ; 이소정(2014). 서울지역 특수학교 교사의 상해경험 양상과 영향 분석에 근거한 학교안전사고 예방 및 지원 방안 고찰. 미간행 석사학위 논문, 이화여자대학교 교육대학원, 서울.

22 김호연(2016). 특수교사의 교권 침해 실태 및 개선 방안. 한국교원교육학회 제69차 춘계학술대회, 167-194. ; 도경만(2015). 특수교사의 교권상실 경험 유형과 실태. 미간행 석사학위 논문, 공주대학교 대학원, 충남. ; 이화영(2016). 서울지역 고등학교 특수학급 교사의 교권침해 경험의 실태와 교권보호 지원 방안 고찰. 미간행 석사학위 논문, 이화여자대학교 대학원, 서울.

23 김경양, 박은혜(2014). 지체 및 중복장애 분야에서의 자기결정 관련 연구동향 고찰. 지체·중복·건강장애연구. 57(1), 45-68. ; 이진석, 한경근(2016). 시각, 지체장애학생의 교육 지원에 대한 개별화교육지원팀 구성원들의 인식에 관한 연구. 지체·중복·건강장애연구, 59(2), 145-173. ; 이현주, 이소현(2015). 자폐 범주성 장애를 동반한 청각중복장애 아동 관련 연구 활성화를 위한 연구 동향 및 과제. 특수교육연구, 14(3), 141-161. ; 황정현(2011). 시각중복장애 학생 지도교사의 교육과정 수용에 대한 문화기술지: 기본교육과정을 중심으로, 지체·중복·건강장애연구, 54(1), 217-235., 한경근, 송승민, 홍성두, 송만호, 황인영(2018). 중도·중복장애학생 교육지원 방안 연구. 충남: 국립특수교육원. 에서 재인용.

24 김요섭(2015). 통합교육 현장의 장애학생 인권침해 실태 및 예방 방안. 특수교육, 14(3),

25 국가인권위원회(2010). 특수학교 교사의 장애학생들에 대한 학대행위 등 결정문. 서울: 국가인권위원회.

26 이영란, 김광병(2020). 장애학생 인권침해에 대한 국가인권위원회 결정례 분석을 통한 학교 내 인권보호에 관한 연구. 사회복지법제연구, 11(1). 25-46.

27 Renk, K., Liljequist, L., Sternberg, A., Bosco, G., & Phares, V. (2002). Prevention of child sexual abuse: Are we doing enough? *Trauma, violence, and Abuse*, 3(1), 68-84. 김유리(2012). 장애아동 학대의 원인과 학교의 예방적 역할. 특수교육, 9(3), 71-89. 에서 재인용.
28 국가인권위원회(2013). 교과부 장관에게 장애학생 인권, 교육권 보장 종합대책 수립 등 권고. 서울: 국가인권위원회; 국가인권위원회(2019). 교육부 장관에게 발달장애학생의 도전적 행동 지원을 위한 권고. 서울: 국가인권위원회.
29 국가인권위원회(2012). 국립특수학교에서의 장애학생 인권침해 등 결정문. 서울: 국가인권위원회.
30 국가인권위원회(2015). 통합교육 환경에서의 장애인 교육권 증진을 위한 정책권고. 서울: 국가인권위원회.
31 박경옥, 신윤희(2019). 중도·중복장애 학생의 정당한 교육지원에 필요한 건강 및 안전관리 실태와 지원방향에 대한 관리자 인식. 지체·중복·건강장애연구. 62(2), 1-28.
32 교육부(2020). 2019 특수교육 운영 계획. 서울: 교육부.
33 한경근, 송승민, 홍성두, 송만호, 황인영(2018). 중도·중복장애학생 교육지원 방안 연구. 충남: 국립특수교육원.
34 교육부(2022). 2022 개정 특수교육 교육과정. 세종: 교육부.
35 Lake, J. F., & Billingsley, B. S. (2000). An Analysis of Factors That Contribute to Parent School Conflict in Special Education. *Remedial and Special Education,* 21, 240-251. 우이구, 김현태(2016). 장애학생 인권보호를 위한 교육정책의 성과와 발전. 특수교육 저널: 이론과 실천, 17(4), 43-66. 에서 재인용.
36 국가인권위원회(2020). 결정례. 서울: 국가인권위원회. ; 우이구, 김현태(2016). 장애학생 인권보호를 위한 교육정책의 성과와 발전. 특수교육 저널: 이론과 실천, 17(4), 43-66. 에서 재인용. ; Lake, J. F., & Billingsley, B. S. (2000). An Analysis of Factors That Contribute to Parent School Conflict in Special Education. *Remedial and Special Education,* 21, 240-251.
37 김기룡, 김삼섭(2015). 통합교육 현장에서의 장애학생 인권 실태. 특수교육, 14(2), 57-79.
38 국가인권위원회(2010). 특수학교 교사의 장애학생들에 대한 학대행위 등 결정문. 서울: 국가인권위원회.
39 이주언(2020). 장애인의 형사법적 권리와 지원방안. 미간행 석사학위

논문, 성균관대학교 일반대학원, 서울.
40 김민제(2019). 특수학교 교원의 교권침해 실태와 개선방안에 대한 연구. 미간행 석사학위 논문, 고려대학교 교육대학원, 서울. ; 도경만(2015). 특수교사의 교권상실 경험 유형과 실태. 미간행 석사학위 논문, 공주대학교 대학원, 충남. ; 이화영(2016). 서울지역 고등학교 특수학급 교사의 교권침해 경험의 실태와 교권보호 지원 방안 고찰. 미간행 석사학위 논문, 이화여자대학교 대학원, 서울.
41 박경애, 조현주(2015). 교사의 학교폭력 피해 경험에 의한 교권침해 실태와 대처과정 연구. 한국교원교육연구, 32(2), 93-122. ; 이규미, 손강숙(2013). 폭력피해교사의 심리사회적 후유증에 관한 질적연구. 한국심리학회지: 학교, 10(1), 159-178. ; 정지선(2007). 학교 폭력 피해 청소년 복합 외상 후 스트레스 연구. 미간행 석사학위 논문, 이화여자대학교 일반대학원, 서울. ; De Wet, C. (2010). Vicims of educator-targeted bullying: a qualitative study. *South African Journal of Education*, 30, 189-201. ; Dzuka, J., & Dalbert, C. (2007). Student violence against teachers: Teachers' wellbeing and the belief in a just world. *European Psychologist*, 12(4), 253-260. ; Newman, K. S., Fox, C., Harding, D. J, Mehra, J., & Roth, W. (2004). *Rampate: The social rootes of school shootings*. New York: Basic books. ; Wilson, C. M., Douglas, K. S., & Lyon, D. R. (2011). Violence against Teachers: Prevalence and consequence. *Journal of Interpersonal Violence*, 26(12). 2353-2371. 이화영(2016). 서울지역 고등학교 특수학급 교사의 교권침해 경험의 실태와 교권보호 지원 방안 고찰. 미간행 석사학위 논문, 이화여자대학교 대학원, 서울. 에서 재인용.
42 김주영(2017). 특수교육 지원인력 제도 시행 이후 현황과 문제점 및 개선 방안. 장애인평생교육·복지연구, 3(1), 65-103.
43 양경숙(2011). 특수교육 지원인력의 역할에 대한 교사와 특수교육 지원인력의 갈등 수준. 미간행 석사학위 청구논문, 대구대학교 특수교육대학원, 대구. ; 김주영·강경숙(2011). 특수교육 관련서비스의 전망과 과제. 한국지적장애교육학회 학술대회. 한국지적장애교육학회. ; 김주영(2017). 특수교육 지원인력 제도 시행 이후 현황과 문제점 및 개선 방안. 장애인평생교육·복지연구, 3(1), 65-103. ; 서선진, 김주혜(2015). 특수교육 보조인력 제도 개선에 대한 유급 특수교육 보조인력의 요구 조사. 특수교육학연구, 50(1), 291-317. ; 윤점룡·김주영·권효숙·원종례·유장순(2005). 학령기 장애아동 통합교육

현황 실태조사. 국가인권위원회. 서울. ; 정정화, 조인수(2009). 초등학교 특수학급 교사의 특수교육 지원인력 활용실태. 학교교육연구, 5(1), 165-191.
44 심광보(2012). 특수학급 교사의 직무스트레스가 이직 의도에 미치는 영향. 초등특수교육연구, 14(1), 115-138. ; 정윤우(2014). 특수학급교사의 감정노동에 대한 인식 및 감정노동 양상. 특수교육연구, 21(1), 39-58.
45 김기룡(2011). 특수학교교사와 부모의 갈등 유형과 요인에 대한 연구. 미간행 석사학위 논문, 공주대학교 대학원, 충남. ; 이화영(2016). 서울지역 고등학교 특수학급 교사의 교권침해 경험의 실태와 교권보호 지원 방안 고찰. 미간행 석사학위 논문, 이화여자대학교 대학원, 서울.
46 이용성(2008). 인터넷 자료에 근거한 언론보도의 문제점과 개선방안. 언론중재, 107, 41-49.
47 한상훈(2019). 국민참여재판의 성과와 활성화 방안. 저스티스, 172, 110-141.
48 서울시교육청(2014). 특수교육운영계획. 서울: 서울시교육청.
49 김민제(2019). 특수학교 교원의 교권침해 실태와 개선방안에 대한 연구. 미간행 석사학위 논문, 고려대학교 교육대학원, 서울. ; 이도은(2014). 장애학생의 공격행동과 관련된 특수교육교사의 스트레스 및 지원 요구. 미간행 석사학위논문, 한국교원대학교 대학원, 충북. ; 김동일, 고혜정, 이윤희(2012). 정서·행동장애학생의 폭력적 행동 문제에 노출된 특수교사의 리질리언스 과정: 사례연구를 중심으로. 한국정서·행동장애아교육학회, 28(2), 97-119.
50 정민주, 이숙정(2011). 중도·중복장애 학생의 신변처리활동 및 관련 환경에 대한 교사의 인식 연구. 지체중복건강장애연구, 54(3), 205-225.
51 박경옥, 신윤희(2019). 중도·중복장애 학생의 정당한 교육지원에 필요한 건강 및 안전관리 실태와 지원 방향에 대한 관리자 인식. 지체·중복·건강장애연구, 62(2), 1-28. ; 이숙정(2011). 인간학적 사유를 여는 중도·중복장애 교육학. 파주: 집문당. ; 이숙정(2017). 중도·중복장애학생 학습권 보장을 위한 독일 특수교사의 수업 반성에 대한 연구. 특수교육교과교육연구, 10(1), 73-100. ; 한경근, 송승민, 홍성두, 송만호, 황인영(2018). 중도·중복장애학생 교육지원 방안 연구. 충남: 국립특수교육원.
52 김우현(2011). 특수학교 교사의 상해경험 조사연구. 미간행 석사학위 논문, 조선대학교 대학원, 광주. ; 김소연(2007). 정신지체학교의

학교안전사고 실태, 사고처리 및 예방에 관한 교사의 인식 연구.
미간행 석사학위 논문, 조선대학교 교육대학원, 광주.
53 국립특수교육원(2017). 2017 특수교육 실태조사. 충남:
국립특수교육원. ; 한경근, 송승민, 홍성두, 송만호, 황인영(2018).
중도·중복장애학생 교육지원 방안 연구. 충남: 국립특수교육원.
54 서정화(2002). 학교경영과 학교장의 리더십. 경기: 국립특수교육원.
55 김기룡(2011). 특수학교교사와 부모의 갈등 유형과 요인에 대한 연구.
미간행 석사학위 논문, 공주대학교 대학원, 충남. ; 우이구, 김현태(2016).
장애학생 인권보호를 위한 교육정책의 성과와 발전. 특수교육 저널:
이론과 실천, 17(4), 43-66. ; 이화영(2016). 서울지역 고등학교 특수학급
교사의 교권침해 경험의 실태와 교권보호 지원 방안 고찰. 미간행 석사학위
논문, 이화여자대학교 대학원, 서울.
56 국립특수교육원(2023). 2023 특수교육 연차보고서. 충남:
국립특수교육원.
57 중앙장애인권익옹호기관, https://www.naapd.or.kr
58 류재연(2015). 특수학급에 재직하는 특수교사의 주관적 삶의 질에 대한
인식. 통합교육연구. 10(2), 29-55.
59 국회의원 연구단체 약자의 눈(2022). 장애학생 신변처리 지원을 위한
「장애인 등에 대한 특수교육법」 개정 토론회 자료집. 서울: 국회.
60 도경만(2015). 특수교사의 교권상실 경험 유형과 실태. 미간행 석사학위
논문, 공주대학교 대학원, 충남.
61 UNESCO(1966). *Recommendation concerning the Status of
Teachers*. Paris.
62 김호연(2016). 특수교사의 교권 침해 실태 및 개선 방안.
한국교원교육학회 제69차 춘계학술대회, 167-194.
63 신현기(2014). 한국 장애학생 지원체제의 변화와 과제. 특수교육 논총,
30, 43-58.
64 한경근(2006). 특수교육 발전 양상에 따른 특수교육의 정체성에 논의.
특수교육논총, 16, 117-135.
65 최선옥, 전윤구, 박성하(2016). 교원승진 제도에 관한 비교 연구.
경기도: 경기도교육연구원.
66 김기룡(2011). 특수학교교사와 부모의 갈등 유형과 요인에 대한 연구.
미간행 석사학위 논문, 공주대학교 대학원, 충남. ; 우이구, 김현태(2016).
장애학생 인권보호를 위한 교육정책의 성과와 발전. 특수교육 저널:
이론과 실천, 17(4), 43-66.

67 임재홍, 권혜령, 류은숙, 염형국(2020). 인권법. 367-392, 서울: 한국방송통신대학교출판문화원.
68 국립특수교육원(2014). 장애학생 인권실태·인식조사. 충남: 국립특수교육원. ; 국가인권위원회(2014). 장애학생 교육권 증진을 위한 실태조사. 서울: 국가인권위원회. ; 국가인권위원회(2018). 중증·중복장애학생 교육권 실태조사. 서울: 국가인권위원회.
69 조효제(2017). 인권의 지평. 서울: 후마니타스.
70 「"장애학생 신변처리 지원 확대하라", 『미디어생활』, 23.12.21.
71 장애인교육아올다(2022). 장애학생 신변처리 지원 인권실태, 인권 가이드라인 초안 및 법 개정 개발 연구. 서울: 장애인교육아올다.
72 미국 지적장애 및 발달장애협회, https://www.aaidd.org
73 「장애학생 신변처리 지원 열악, 개선 첫걸음」, 『에이블뉴스』, 22.09.05.
74 국립특수교육원(2018). 특수교육학 용어사전. 서울: 하우.
75 박종훈, 정혜민(2019). 교권, 법에서 답을 찾다. 서울: 푸른칠판.
76 국립특수교육원 국가장애인평생교육진흥센터(2020). 발달장애인의 도전적 행동 중재 매뉴얼. 충남: 국립특수교육원 국가장애인평생교육진흥센터.
77 장애인교육아올다(2022). 장애학생 신변처리 지원 인권실태, 인권 가이드라인 초안 및 법 개정 개발 연구. 서울: 장애인교육아올다.
78 국립특수교육원(2020). 특수학교 심리안정실 운영매뉴얼. 충남: 국립특수교육원.
79 조효제(2017). 인권의 지평. 서울: 후마니타스.
80 국립특수교육원(2018). 특수교육학 용어사전. 서울: 하우
81 국립특수교육원(2018). 특수교육학 용어사전. 서울: 하우
82 국가법령정보센터, https://www.law.go.kr
83 국립특수교육원(2018). 특수교육학 용어사전. 서울: 하우
84 보건복지부 국립재활원 https://knat.go.kr
85 국가법령정보센터, https://www.law.go.kr
86 국립특수교육원(2018). 특수교육학 용어사전. 서울: 하우

추천의 글

이 책의 내용은 특수교육에 대한 가슴 아픈 현실이다. 이 한편의 책으로 특수교육이 단시간에 바뀔 수는 없을 것이다. 하지만 이러한 책이 없다면 특수교육의 발전도 없을 것이다. 이 책은 학교 현장에서 충분히 일어날 수 있는 보편적인 사례를 보여주고 있다. 특수교사, 장애학생 그리고 특수교육실무사와의 관계까지. 장애학생 신변처리 지원이 특수교육 활동에 일부라는 인식을 알릴 수 있는 계기가 되기를 바란다. 장애학생이 차별받지 않고 교육받을 수 있기를 바라며, 이 책을 많은 사람이 읽어 보기를 바란다.

● **이은정, 장애인 부모**

책 속의 사례는 가슴 속 커다란 상처로 남아 더 이상 입 밖으로 꺼내고 싶지 않았던 사건입니다. 그러나 누군가는 이 사건의 본질이 무엇인지 천천히 톺아보며, 무엇이 잘못되었고 어디를 어떻게 고쳐야 하는지 냉철하게 분석하는 것이 꼭 필요하다고 생각했습니다. 그래야만 이 시스템 속에서 살아가는 사람들 모두가 보호받을 수 있다고 판단했습니다. 그러나 너무 큰 용기가 필요한 일이기에 저는 감히 시도할 생각조차 하지 못했습니다. 그러나 그 어려운 일을 이혜영 선생님은 수많은 한계 속에서 해낸 듯합니다.

    입법과 예산 및 정책을 결정할 위치에 있는 사람들, 특수교사를 양성하는 대학의 교수님과 학생들, 학부모님들, 시민들이 함께 읽어주길 바랍니다. 이 책은 그만한 가치가 있습니다. 우리는 잘 알고 있습니다. 사회적으로 물의를 일으킨 당사자에게 손가락질하고 욕하는 건 너무 쉬운 일이지만, 재발 방지를 위해 시스템을 고치는 것은 용기와 결단 그리고 예산이 필요합니다. 이 책이 그 밑거름이 될 것입니다.

● **허영진, 특수교사**

추천의 글

새싹이 돋아나는 봄이면 학교도 새로운 아이들을 맞이한다. 한 학기, 일 년 또는 그 이상을 우리는 좋은 관계 속에서 함께 하고자 한다. 그러나 안타깝게도 그렇지 못한 일들이 많은 요즘이다. 이 책은 오랫동안 장애학생의 교육 현장에서 함께 한 이혜영 선생님의 깊은 고민과 좀 더 나아지고자 하는 애씀이 담겨 있다. 지금도 장애학생이 처한 다양한 환경에서 함께 고군분투하고 있는, 나를 포함한 모든 이들이 함께 읽고 상황을 조금씩 바꾸어 갈 수 있길 바란다.

● **최은원, 활동가**

책 제목이 무겁다. 이 무거움은 어디에서 시작되었을까? 책 내용을 돌아보며 떠오른 말이 있다. '한 아이를 키우려면 온 마을이 필요하다'란 말과 체로키 인디언의 두 마리 (선악) 늑대 이야기. 모두가 함께하는 통합교육을 향한 우리의 걸음, 그 걸음의 결과는 우리가 어느 방향으로 노력을 기울이느냐에 달려 있다.

    상담과 지원을 통해 만났던 많은 사례가 이 책의 내용과 별다르지 않다. 인권 감수성에 기반한 소통과 신뢰가 바탕이 되어야 하는 이유이다. 이 책의 고민을 기반으로 특수교육의 주체들이 인권 친화적인 교육 공동체로 거듭나기를 바란다.

● **최명진, 장애인 부모**

추천의 글

"나는 아동학대 교사입니다." 이처럼 모순적이고 자조적인 자기소개가 또 있을까. 교육 현장에서 아동학대나 교권침해 사건이 발생하면, 소위 가해자 개인에게 언론의 조명과 사회적 공분이 집중된다. 이 책은 교육 제도 안에서 인권침해가 계속해서 발생해오고 있다면, 그 원인이 개인이 아닌 특수교육 현장의 구조와 맥락 속에 있을 수 있다는 고찰을 담고 있다. 동시에 저자는 교육 현장의 주체들은 각자의 존엄성을 가지고 함께 공동체를 형성하는 것이라는, 너무나도 중요하고 당연하기에 사뭇 가려진 사실을 우리에게 일깨워준다.

● 이수연, 변호사

우리나라에서 특수교사로 살아간다는 건 3D업종 그 이상일 수도 있다. 특수교사뿐 아니다. 장애인 당사자, 장애를 가진 자녀를 양육하는 부모들이 이 사회에서 견디고 살아내야 하는 일들은 상상을 초월한다. 특수교사·장애인 당사자·부모·장애인 조력자들이 가진 문제 상황들은 전체 사회구조적 문제와 맞닿아 있다. 누구의 문제가 아니라 모두의 문제이기도 하다. 그것은 어느 한 사람, 한 집단의 노력만으로 해결하기 어렵다는 뜻이기도 하고, 그러기에 사회구성원 모두의 노력이 필요하다는 말이기도 하다. 나부터 동료와 함께 인권에 민감해지고 단단해지기 위해 끊임없는 공부와 노력을 해야 한다.

학교 현장의 문제는 다양하고 첨예하며, 손을 쓰기도 어려운 상황에도 마주할 수 있다. '나에게 왜 이런 일이 일어났을까?'하는 그때, 우리는 어떻게 해야 할지 당황스럽고 정리가 안 되며 수치심과 속상함 등등으로 시간을 보내기도 한다. 만약 학교 현장의 특수교육 주체들과 그 사회구성원들에게 서로 존중과 상호 주관적 인정이 바탕으로 깔려있다면 문제는 좀 더 적게 발생할 것이다. 문제가 발생하였더라도 감정적으로 반응하지 않고 문제의 해결을 위해 모두가 개입하여 협력한다면, 학교 교육은 더욱 풍성해질 것이며 해볼 만한 학교 현장이 될 것이다. 그러한 학교 현장의 분위기는 지역사회로 좋은 영향을 끼치게 되고, 결국 인권 친화적인 교육 공동체와 좋은 지역사회로 성장하게 할 것이다. 이 책은 그 길에 도움을 줄 것이다.

● **함수연, 전 특수교사**

나는 아동학대 교사입니다

초판 1쇄 인쇄 2024년 5월 9일
초판 1쇄 발행 2024년 5월 13일

지은이 이혜영
펴낸곳 초록펭귄
편집 김유승 이은주
디자인 더디앤씨 www.thednc.co.kr

등록 2021년 1월 28일 제2023-000048호
홈페이지 greenpenguin.co.kr
전화 02-383-0830
팩스 0502-304-2831
이메일 greenpenguin124@daum.net

ISBN 979-11-987416-0-8 (03370)
값 18,000원

ⓒ 이혜영, 2024
* 이 책의 일부 또는 전부를 재사용하려면 반드시 저작권자와 초록펭귄 양측의 동의를 얻어야 합니다.
* 이 책의 저자 인세 및 판매수익금 일부는 어려움에 처한 장애인을 위해 시민사회단체에 기부됩니다.
* 잘못된 책은 구입하신 곳에서 교환하실 수 있습니다.